LAMP WORKBOOK

LAMP WORKBOOK

PART 1 ME
Motivation
Enhancement Program

동기 및 목표
향상 프로그램

박동혁 저

학지사

수많은 색과 특징을 가진 씨줄과 날줄이 얽히고설켜 옷 한 벌이 만들어지듯이, 학업성취 역시 한 개인이 가지고 있는 다양한 특성들의 복잡한 조합에 의해 결정됩니다. 이 중에는 지능이나 환경 혹은 기질과 같이 비교적 변화의 폭이 좁은 결정적 요소도 있고, 기초학습이나 공부습관 동기수준과 같이 경험에 의해 결정되는 요소도 있습니다. 결국 공부를 잘하고 못하는 것은 이런 요소들이 상호작용한 총량으로서의 학습능력에 의해 좌우되는 것입니다.

그런데 우리가 주목해야 할 보다 중요한 사실은 학업성취는 명백히 '능력'보다 '태도'가 결정한다는 점입니다. 학습 문제를 가지고 있는 많은 학생들은 '능력' 그 자체의 결핍보다는 그 능력을 제대로 활용하지 못하거나 인식하지 못하는 문제를 안고 있습니다. 오늘날 우리가 학습에 있어 가장 중요한 요소로 인식하고 있는 '자기주도적 학습'은 '능력'의 문제가 아니라 '태도'의 문제를 강조하고 있음을 기억해야 합니다.

MLST는 그 변화의 여지를 찾고자 만들어진 검사로, 학습의 능력과 태도에 있어 변화할 수 있는 간격의 크기를 확인해 줍니다. 오른손잡이가 다음 날 왼손잡이가 되는 것 같은 변화는 일어나지 않지만, 연습을 통해 오른손이 하던 일을 더 잘하게 하고 왼손이 못하던 일을 조금 더 할 수 있게 만들 수는 있습니다. 공부습관도 마찬가지입니다. 조금 더 잘하게 만들 수 있는 그것을 하지 않고 있는 것은 아닌지 고민해 보아야 합니다.

'작은' 변화라는 것이 정말 작은 것일까요? 수백수천 번 반복된 습관을 바꾼다는 것은 매우 어려운 일입니다. 하지만 그 작음이 우리의 삶을 바꾸는 계기가 된다면, 우리는 그 작음을 '적극적으로' 찾아야 하고 별것 아닌 것 같은 변화를 위해 '꾸준히' 노력해야 합니다.

이 변화의 과정을 인도해 주는 프로그램이 있다면 변화의 속도는 더욱 빨라질 것입니다. 본 교재의 정식 명칭은 LAMP(Learning Ability Management Program) 워크북이며, 학습전략의 변화를 기본 목표로 구성되어 있습니다. 총 20회기(회기당 2시간 소요)의 프로그램이 크게 5개의 주제로 나뉘어 있습니다. 각 주제는 다음과 같습니다.

I. 동기 및 목표 향상 프로그램
ME 프로그램: Motivation Enhancement

: 동기향상을 위해 장기목표(진로탐색)와 단기목표(성적목표)를 내담자의 상황에 가장 적합하게 결정할 수 있도록 도와줍니다. 구성 내용에는 진로탐색을 위한 자기이해, 진로탐색검사의 활용, 진로의사결정, 진로 포트폴리오 만들기가 있습니다.

II. 시간관리 능력 향상 프로그램
TE 프로그램: Time management Enhancement

: LAMP 플래너를 기반으로 내담자의 목표설정과 실행능력, 계획능력을 향상시키는 다양한 기법을 배우고 훈련합니다. 구성 내용에는 시간관리의 문제점 파악하기, 시간관리의 핵심원칙 이해, 계획표 구성 훈련, 실천력 증진 전략이 있습니다.

III. 집중력 향상 프로그램
CE 프로그램: Concentration Enhancement

: 집중력을 극대화할 수 있는 다양한 기법들을 다룹니다. 구성 내용에는 학습환경의 구성, 수면과 컨디션 조절, 집중향상 전략, 수업 중 집중전략이 있습니다.

IV. 정보처리 능력 향상 프로그램
IE 프로그램: Information process Enhancement

: 상위인지전략(Meta-Cognition)을 기반으로 한 학습전략을 주제별로 다루게 됩니다. 구성 내용에는 노트필기 기술, 책읽기 기술, 기억전략, 기억술이 있습니다.

V. 시험준비 능력 향상 프로그램
EE 프로그램: Examination preparation Enhancement

: 시험을 체계적으로 준비하는 능력을 향상시키기 위한 기법들을 다룹니다. 구성 내용에는 시험준비의 기본 원칙, 시험계획 세우기, 시험불안 줄이기, 오답노트의 활용방법이 있습니다.

2010년 이 책이 소개된 이후 많은 학생들에게 이 프로그램의 내용이 적용되고 검증되었습니다. 또한 학습클리닉 전문가 과정을 통해 현장에서 적용하고 계신 많은 선생님들의 피드백을 통해, 다음과 같이 내용을 수정·보완하여 2014년 새롭게 출간하게 되었습니다.

첫째, 주제의 재구성; 자기주도학습 프로그램의 핵심 구성요소를 재검토하여 기존 프로그램에서 적용 효과가 낮다고 판단된 내용들을 삭제하고, 현장 검증을 통해 확인된 보다 구체적이고 효과적인 내용들로 재구성하였습니다. 이를 통해 전체 프로그램 내용의 약 40% 정도가 수정 및 보완되었습니다. 또한 기존 프로그램의 분량이 다소 많아서 학교 현장에서 적용이 어렵다는 피드백을 토대로 각 회기를 2시간 안에 여유 있게 진행할 수 있도록 핵심 내용 위주로 정리하였습니다.

둘째, 사용의 용이성; 프로그램의 흐름과 역동을 쉽게 이해할 수 있도록, 교사용 지침서의 각 페이지 우측 상단에 해당 과제의 단계를 이니셜로 표시하였습니다. 또한 해당 과제의 적절한 소요 시간을 분 단위로 표시했습니다. 예들 들어, 'A1 10m'라는 표시는 '인식단계의 첫 번째 과제이며 약 10분 정도가 소요됨'을 뜻합니다. 각 단계의 의미는 다음과 같습니다.

① Awareness(인식단계, 교재에는 ❓ 아이콘으로 표시); 해당 주제의 필요성과 문제점을 통찰하는 과정으로 회기 초반에 주로 구성되며 상담적 기법(Counselling)이 적용되는 단계.
② Choose alternatives(대안탐색 단계, 교재에는 ❗ 아이콘으로 표시); 문제점에 대한 인식을 토대로 이에 대한 효과적 해결책을 배우고 이해하는 단계로 회기 중반에 구성되며 교육적 기법(Education)이 적용되는 단계.
③ Take action(연습/훈련 단계, 교재에는 ✅ 아이콘으로 표시); 문제해결을 위한 대안을 적용하고 연습하는 단계로 주로 회기 후반부에 구성되며 훈련 기법(Training)이 적용되는 단계.

셋째, 각 프로그램 관련 이론 추가; 교사나 학습클리닉 전문가가 각 프로그램을 좀 더 깊이 이해하여 학생들의 학습전략의 변화를 이끌 수 있도록 프로그램과 관련한 주요 이론들을 간략하게 정리하여 교사용 워크북에 추가하였습니다.

넷째, 디자인 교체; 구성의 통일감을 높이고 학생들의 흥미를 높이기 위해 전체 삽화를 주제별로 정리해 500여 개 이상의 컬러 일러스트레이션으로 대체하고, 편집 디자인도 재구성하였습니다.

본 교재는 지난 1999년도부터 현재까지 마음과배움 연구진에 의해 수행된 200건 이상의 집단상담과 800례 이상의 개인상담 결과를 토대로 개발, 검증된 내용을 담고 있습니다. 앞으로도 지속적인 개정과 수정을 통해 국내에서 가장 정교한 학습프로그램이 되도록 발전시킬 예정입니다.

마음은 배움의 힘을, 배움은 마음의 힘을 키워 줍니다. 우리는 그 힘을 믿습니다.

심리학 박사 박동혁

CONTENTS

▶ **동기 및 목표 향상 프로그램의 이론적 배경**

I 동기 이론

II 목표와 동기

▶ **동기 및 목표 향상 프로그램**

1

잘하는 공부 어떻게 해야 할까?

마음의 힘을 키우는 행복한 공부

2

나를 발견하기

진로탐색을 위한 자기이해 1

＊진로탐색을 위한 자기이해 첫 번째! – 흥미

동기 및 목표 향상
프로그램의 이론적 배경

1. 동기란 무엇인가?

라틴어 'movere(움직이게 하다)'를 어원으로 하는 동기(motivation)는 우리로 하여금 행동하게 하고 특정한 방향으로 향하도록 하며 특정한 활동들을 지속하도록 하는 내적인 상태다. 우리에게 무엇인가를 배울 수 있는 능력과 기회가 주어지면, 학습에 필요한 행동과 인지 과정이 자발적이고 우리의 통제 아래 있을 경우, 즉 동기가 있을 경우에 우리는 그것을 실제로 학습할지의 여부와 정도를 결정한다. 더욱이 우리가 무엇인가를 하는 방법을 학습하면, 우리가 그것을 지속할지는 대부분 동기가 결정한다.

1) 동기의 일반적인 영향

우리가 항상 의식적으로 동기를 인식하지는 못하지만, 동기가 미치는 영향은 우리의 행동을 통해서 지속적으로 드러난다.

- 동기는 개인의 에너지와 활동 수준을 증가시킨다.
- 동기는 개인으로 하여금 특정한 목표를 지향하도록 한다.
- 동기는 활동의 추진력과 지속력을 증진한다.
- 동기는 개인이 과제에 들이는 학습전략과 인지 과정에 영향을 미친다.

2) 동인[1]에 대한 이해

(1) 의지(will)

철학자인 Descartes는 의지를 이해할 수 있으면 동기를 이해할 수 있다고 생각했다. 의지는 행위를 유발하여 특정 행위로 향하게 하고, 이것은 행위를 할지 여부와 무엇을 할지를 선택한다. 신체적 요구, 열정, 쾌락 및 통증은 행위를 위한 충동을 일으키지만 이 충동들은 오직 그 의지를 활성화시킨다. 그 의지는 선택의 힘을 숙련하여 미덕과 구원을 위한 신체적 욕구와 열정을 통제하는 정신의 능력이다. Decartes는 유일한 동기적 힘은 의지라는 동기에 대한 최초의 이론을 제공하였다.

Descates는 의지가 이해되면 그 다음에 동기의 이해는 필연적으로 밝혀진다고 생각하였으며, 그 결과 상당한 철학적 에너지가 의지의 연구에 투입되었다. 그러나 궁극적으로 두 세기 동안의 철학적 분석은 실망스러운 결과를 내었으며, 철학자들은 의지에 의해 발생한다고 가정한 동기만큼이나 의지가 불가사의하고 설명하기 어렵다는 것을 발견하였다. 이런 이유로 1870년대에 출현한 새로운 심리과학에 관여하였던 학자들은 덜 수수께끼 같은 동기원리를 탐색하였고, 한 가지를 발견

---

1 동인(動因): 행동을 촉발하는 내적 원인의 총칭

하였다. 그러나 이는 철학이 아닌 생리학을 바탕으로 한 것으로, 바로 본능(instinct)이다.

인간의 사고와 계획, 행동에 있어 마음(의지)이 중요한 것은 부인할 수 없는 사실이다. 그러나 <u>의지만으로는 모든 것을 설명할 수 없음</u>을 알 수 있게 해 주는 두 가지 실험이 있다.

실험 1

학령 전 아동이 먹음직스러운 쿠키가 놓여 있는 테이블 앞에 혼자 앉아 있다. 실험자는 아이에게 지금 하나의 쿠키를 먹을 것인지 아니면 20분 후에 두 개의 쿠키를 먹을 것인지를 선택하도록 한다. 아이들은 자신의 의지력(즉, 극기, 단호한 결심)을 불러일으키기보다는 좌절을 주는 기다림을 좀 더 참을 만하거나 즐거운 어떤 것(즉, 게임을 하기, 노래하기 혹은 낮잠 자기)으로 전환함으로써 성공적으로 유혹에 저항하고 만족을 지연시킨다. 의도적으로 그런 책략을 사용하는 아이들은 유혹에 저항하는 반면에 그런 책략을 사용하지 않는 아이들은 당장 앞에 놓인 쿠키를 먹는 등 충동적으로 행동한다.

실험 2

시험을 보는 대학생들을 대상으로 연구자는 그들이 시험을 얼마나 잘 볼 것인가 혹은 못 볼 것인가를 예언하려고 노력하였다. 연구자는 각각의 학생들의 목표(희망하는 성적)와 공부 방법을 기록하였고, 분명한 계획과 세련된 공부법을 가진 학생들만이 자신들이 희망한 만큼 시험을 잘 보았음을 발견하였다.

위의 두 가지 실험을 살펴보면 <u>개인적인 의지력이 아니라 목표와 책략이 효과적 수행을 산출함</u>을 알 수 있다. 그러므로 현대의 동기 연구에서 연구자들은 수수께끼 같은 의지의 극기와 단호한 결심보다는 계획, 목표, 책략과 같은 심리과정을 연구한다.

(2) 본능(instinct)

McDougall은 본능을 어떤 사람에게 특정 목표를 향하게 하는 <u>비이성적이고 충동적인 동기적 힘</u>으로 간주하였다. 본능은 개인에게 어떤 대상을 지각하고, 주의집중하고, 대상을 지각함에 따라 특정 성질의 정서적 흥분을 경험하고 그리고 그것에 대해 특정 방식으로 행위를 하도록 하거나 혹은 최소한도 그런 행위를 하도록 하는 충동을 경험하는 것을 결정해 준다. McDougall에 의하면, 모든 인간의 동기는 그 기원을 전적으로 유전적으로 타고난 본능들에 의존한다.

그러나 이러한 본능 이론은 곧 그 한계가 드러나게 되었는데 바로 <u>순환적 설명의 문제</u>다. 예를 들어, 사람들이 싸움 본능을 갖고 있다는 유일한 증거는 그들이 공격적으로 처신한다는 것이다. 이러한 설명은 원인이 행동을 설명하나(본능 → 행동), 행동이 원인에 대한 유일한 증거(행동 → 본능)가 되는 순환론에 빠지게 된다. 본능 이론의 또 다른 한계점은 행동의 개인차를 설명하지 못한다는 것이다. 이러한 문제점들로 인해 심리학은 다시 행동의 의도적 성질을 설명하기 위한 대안적 동기 개념을 탐색하게 된다.

(3) 추동(drive)

본능을 대체하기 위해 만든 동기 개념은 추동이다. 추동은 유기체 내부에 있는 내적 욕구 상태를 의미한다. 즉, 배고픈 것, 목마른 것, 추운 것 등과 같이 최적의 기능을 위해 필요한 것이 없는 상태에서 나타나는 욕구를 말한다. 유기체는 이러한 욕구를 감소시키기 위해 행동할 뿐 아니라 그러한 욕구를 즉시 감소시키는 것이 불가능한 경우라면 욕구를 감소시키는 자극을 접하게 해 주는 활동을 증가시킨다. 즉, 당장 목이 마른데도 물을 마실 수 없다면 물이 있을 만한 곳으로 움직여 보거나 물을 마시기 위한 행동을 하게 될 것이다. 추동 이론은 사람과 동물(유기체)이 신체적 항상성을 유지하려고 한다는 견해에 기반을 두고 있는 것으로, 인간은 자신의 신체를 최적의 기능 상태로 유지하려고 한다는 것이 추동 이론의 핵심이다.

이러한 추동 이론은 행동주의적 관점에서는 강화물과 밀접한 관련성을 가진다. 즉, 어떤 행동을 하도록 하기 위해 필요한 강화물은 욕구상태를 감소시키는 것이며 동시에 추동을 감소시키는 수준에서만 효과적으로 작용한다. 예를 들어, 물을 마시는 것은 유기체가 목마를 때만 강화되며, 온기는 유기체가 추울 때만 강화된다. 욕구상태를 감소시키는 행동, 즉 강화가 되는 행동은 이후 동일한 욕구가 나타날 때 반복될 가능성이 있다.

$$\text{행동의 강도} = \text{습관} \times \text{추동} \times \text{유인가}$$

(4) 욕구 위계

1960년대와 1970년대에 주목을 받은 인본주의 심리학자인 Maslow는 인간의 행동에 대한 자신의 개인적인 관찰을 종합하면서, 사람들이 다섯 가지의 욕구체계를 가지고 있다고 주장하였다.

① 다섯 가지의 욕구

● 생리적 욕구: 사람은 음식, 물, 산소, 온기, 운동, 휴식 등 신체적인 생존과 관련된 욕구를 충족하도록 동기화되어 있다. 예를 들어, 오랫동안 교실에 앉아 있었다면 조바심이 나고 까다로워진 자신의 모습을 발견할 것이고, 배가 고프다면 교수의 강의보다 뱃속에서 꼬르륵거리는 소리에 더욱 신경 쓰게 될 것이다.

● 안전 욕구: 사람은 환경 속에서 안전함을 느끼려는 욕구를 가지고 있다. 가끔은 놀랍고 신기한 일을 즐길 수도 있지만 대체로 생활 속에서 체계와 질서를 찾고 싶어 한다. 즉, 대부분의 학생들은 선생님이나 부모님이 자신에게 기대하는 것이 무엇인지를 알고 싶어 하며, 생활 속에서 예측 가능한 일을 선호한다.

● 사랑과 소속의 욕구: 사람은 타인과 온정적인 관계를 맺고 싶어 하며 그들이 소속된 집단의 일원으로 수용 받고 있다는 느낌을 좋아한다. 가령 9세 아동은 또래들 속에서 친구를 갖는 것에 매우 큰 비중을 두며, 청소년들 역시 또래집단으로부터 인정과 승인을 받고자 하는 욕구가 매우 크다. 그래서 유행에 민감한데 즉, 대중적으로 인기가 있고 같은 또래 청소년들이 선호하는 헤어스타일을 하거나 특정한 브랜드를 입으려고 한다.

● 자존감 욕구(자기존중감에 대한 욕구): 사람은 자신에 대하여 좋게 생각하려는 욕구를 가지고 있

고, 다른 사람들이 자신을 좋게 느낀다고 믿으려는 욕구(타인으로부터 존중을 받으려는 욕구)를 가지고 있다. 사람들은 긍정적인 자기존중감을 발달시키기 위해서 성취하고 어떤 일에 숙달되고자 노력한다. 자존감과 타인의 존경을 얻기 위해 인정, 감사 그리고 명성을 얻는 방향으로 행동한다. 고등학생들은 학생위원회에 참여하거나 유명한 운동선수가 됨으로써 타인으로부터의 인정과 존중을 받으려고 하며, 초등학생들이라면 스카우트 활동을 통해 특별한 배지를 달음으로써 사람들로부터 인정을 받으려고 하기도 한다.

- **자기실현의 욕구**: 사람들은 가능한 한 자신을 발달시키고자 하는 욕구가 있다. 즉, 자기실현을 위해 노력하는 사람들은 시야를 넓히려고 새로운 활동을 추구하며, 배움 그 자체를 위해 공부하고 싶어 한다. 자기실현을 추구하는 사람은 특정한 주제에 관해 그들이 할 수 있는 모든 것을 배우려는 호기심에 의해 추동된다.

Maslow는 이러한 5개의 욕구체계는 위계를 이룬다고 주장하였다. 즉, 이 욕구 중 2개 이상이 충족되지 않을 때 사람들은 정해진 순서대로 충족시키려는 경향이 있으며, 가장 낮은 욕구인 생리적 욕구부터 충족시키기 시작하여, 다음으로는 안전의 욕구 등으로 나아간다고 하였다. 높은 위계의 욕구는 낮은 욕구가 충족되고 난 후에만 나타난다.

② 결핍욕구와 성장욕구

- **결핍욕구**(deficiency needs): 상술한 다섯 가지 욕구 중 첫 네 가지 욕구인 생리, 안전, 사랑과 소속, 자존감의 욕구는 개인에게 부족했던 것으로부터 연유한다. 개인이 속한 환경이나 발생한 사건이나 사람 등의 외적 자원에 의해서만 충족이 될 수 있다. 또한, 일단 충족이 되면 더 이상 만족시켜야 할 필요가 없다.
- **성장욕구**(growth needs): 욕구의 위계 중 가장 높은 단계에 있는 자기실현은 성장욕구다. 성장욕구는 개인의 생활 속에서 결핍에 초점을 맞춘다기보다는 개인의 성장과 발달을 고양하기 때문에 완벽하게 만족되는 일이 드물다.

2. 학습과 동기: 외재적 동기와 내재적 동기

1) 외재적 동기(extrinsic motivation)

외재적 동기란 원하는 결과나 보상을 얻기 위해서 어떤 일을 하는 것이다. 즉, 내가 좋아하거나 원하기 때문이 아니라 어떤 목적을 위해서 하는 것으로, 이때의 동기는 목적 달성을 위한 하나의 수단이 되는 것이다. 환경적 유인과 결과들로부터 발생하는 것으로 피고용자들이 상여금을 타기 위해, 할당량을 채우기 위해, 혹은 동료에게 좋은 인상을 주기 위해 수시간 동안 일을 할 때, 그들의 행동은 외재적으로 동기화된 것이다. 외재적 동기는 "이것을 하면 저것을 얻을 것이다."라는 동기로부터 발생하고 그것은 수단적(in order to) 동기("저것을 얻기 위하여 이것을 하라."에서 처럼)로 존재하게 된다.

종종 내재적으로 그리고 외재적으로 동기화된 행동들은 동일한 것으로 보이기도 한다. 내재적으로 동기화된 사람이 독서를 하거나, 그림을 그리거나 혹은 학교나 직장에 가는 것과 마찬가지로 외재적으로 동기화된 사람들 역시 그러한 행동을 한다. 그래서 어떤 사람의 행동만 관찰하고 그가 내재적으로 동기화가 되었는지, 외재적으로 동기화되었는지를 구분하기는 쉬운 일이 아니다. 다만, 내재적 동기는 유기체적인 욕구와 그 활동이 제공하는 자발적인 만족으로부터 출현하는 데 반해 외재적 동기는 관찰된 행동에 수반되는 유인물, 보상으로부터 출현하게 된다.

외재적 동기는 받기로 한 외적 보상이 사라질 경우 그 행동도 함께 중단될 가능성이 매우 높다. 하지만 내재적 동기는 어떤 행동이 가져다줄 외적인 결과에 상관없이 자신의 가치와 선택에 따라서 지속적으로 행동하게 하는 힘으로 행동의 지속성, 일관성 및 몰입도에 상당히 중요하고도 핵심적인 요소라고 할 수 있다.

외재적 동기의 한계

Deci와 Ryan(1985)은 보상에 대한 재미있는 연구를 하였다. 그들이 연구를 시작하게 된 것은 바로 'A라는 사람이 자발적으로 어떤 활동에 참여하고 있는데, 그것에 대해서 돈과 같은 외재적 보상이 주어지기 시작한다면, 그 활동에 대한 그의 내재적 동기는 어떻게 변화될 것인가?'에 대한 의문 때문이었다. 상식적으로 생각해 보면, 내가 좋아서 하는 일에 돈과 같은 강력한 외적 보상이 주어진다면, 그 일에 대한 동기는 더욱 증가하게 될 것이다. 하지만 연구 결과는 그러하지 않았다. 오히려 내재적으로 흥미로운 활동에 외재적 보상을 부과하는 것은 종종 앞으로의 내재적 동기를 깎아내리는 경우가 많았다. Lepper와 Greene(1978)은 이러한 현상을 '보상의 숨겨진 대가'라고 표현하였다.

가령 과학 공부가 흥미롭고 재미있어서 열심히 하는 학생에게 그런 모습이 기특해서 혹은 열심히 하고자 하는 의욕을 북돋우기 위해, 용돈을 주거나 게임기나 휴대폰을 사 주는 것과 같은 외적 보상을 주는 행위, 혹은 더 매진해서 공부하라고 마감시한을 정해 주거나 공부하는 모습을 감독하는 것과 같은 외적으로 통제하는 행위는 모두 학생의 내적인 동기를 감소시킨다. 왜냐하면, 외적인 보상이나 통제가 주어질 경우, 그 일을 하게 된 이유를 스스로의 결정 때문이라고 생각하지 않고 외적인 이유 때문이라고 생각하게 되기 때문이다. "내가 이걸 왜 했지?"라는 물음에 "아, 엄마가 책을 다 읽으면 돈을 주니까." "내가 이걸 다 하면 칭찬을 받잖아. 그래서 하는 거지."라고 잘못된 식으로 정당화를 하게 된다. 이를 과잉정당화라고 하는데, 이렇게 무언가를 하는 목적이 외적인 보상 때문이라고 인식하게 되면, 학생의 관심과 흥미는 과제에서 보상으로 바뀌게 되기 때문에 동기가 저하되는 것이다. 즉, 외적인 보상을 제공하거나 통제를 가하게 되면, 아이가 열심히 하던 과학 공부의 동기가 내재적인 것에서 외재적인 것으로 바뀌게 될 가능성이 커지게 된다는 것이다.

2) 내재적 동기(intrinsic motivation)

내재적 동기란 자신의 흥미와 욕구 때문에 어떤 일을 하는 것이고, 그렇게 하는 중에 만족감과 성취감을 경험하는 것이다. 즉, 누가 시키지 않아도 그 일을 하는 것이 좋기 때문에 자발적으로 그 일을 하는 것이다. 내재적 동기는 자신의 흥미에 따르고 역량을 기르고 그렇게 하는 중에 적정 도전을 추구하고 숙달하려는 선천적인 경향성이다(Deci & Ryan, 1985a).

　사람들은 선천적인 유기체적 심리적 욕구를 갖고 있기 때문에 흥미로운 활동에 참여함으로써 얻는 자발적 만족을 경험하는 수단들을 내부에 가지고 있다. 사람들은 과제를 수행할 때 자신에게 이 과제를 수행할 능력이 있다고 느끼고, 과제를 수행하는 과정에서 스스로 결정할 때, 외재적 보상이나 외적 압력이 없는 상태일 때 내재적 동기를 경험하게 된다. 즉, 개인적으로 흥미를 추구해서 기술과 역량을 연습하고 발전시키는 데 필요한 노력을 하도록 선천적인 동기를 제공한다.

(1) 내재적 동기의 장점

- 재촉이나 유혹을 받지 않고 자기주도로 과제를 추구한다.
- 과제에 인지적으로 참여한다. 즉, 과제에 대한 주의력을 유지한다.
- 과제에서 더 도전적인 역할을 맡는다.
- 학습 자료를 진정으로 이해하려고 한다. 즉, 단순 학습보다는 의미학습에 몰두한다.
- 개념상의 변화가 필요할 때 변화를 감수한다.
- 수행할 때 창의성을 보여 준다.
- 실패하더라도 지속한다.
- 하고 있는 일에서 즐거움, 심지어는 흥분도 경험한다.
- 자신의 진전을 때로는 자신만의 기준을 사용하여 규칙적으로 평가한다.
- 과제를 추구할 수 있는 기회를 더 찾는다.
- 높은 성취를 이룬다.

(2) 내재적 동기 활성화하기

① 내재적 동기의 발달을 촉진하는 조건

- 지나치게 많은 학습적 자극을 주지 않는다.
　너무 많은 자극을 제공하면 오히려 학습에 대한 흥미가 떨어질 수 있고, 제대로 시작도 하기 전에 압도당하는 느낌을 받을 수 있다.
- 따뜻하고, 수용적이고, 민감하고, 지지적인 환경의 맥락에서 공부할 수 있도록 한다.
　이러한 환경 속에서 공부할 때, 학생은 자신의 환경에 있는 중요한 다른 사람들과 관련되어 있다는 느낌과 관심을 갖는다.
- 학생에게 자율성을 부여한다.
　학생의 행동을 주로 지시하는 사람들인 부모와 교사는 학생의 자기 결정성을 극대화하기 위해 필요 이상의 통제를 하지 않는다.
- 어느 정도의 구조 속에서 작업을 할 수 있게 한다.
　환경은 기대되는 행동에 대한 정보와 그 행동들이 왜 중요한지에 대한 정보를 제공한다. 반응-결과 조건관계가 명백하게 확인된다.

② 내재적 동기 향상에 도움이 되는 말들

학생이 공부하는 모습, 즉 <u>노력하고 있는 과정 자체를 주목하고 칭찬한다.</u> 즉, 부모나 선생님이 너무 학습의 결과만을 중시하게 되면, 학생은 좋은 학업 성적을 받는 것에만 신경을 쓰게 될 것이고, 그렇게 되면 공부하는 과정에서 즐거움이나 성취감을 느끼기 어려울 것이다.

- "학교에서 배운 내용을 꼼꼼하게 복습하고 있다니 참 대견하다."
- "이번 시험 성적이 떨어지긴 했지만 그동안 열심히 준비했잖아. 선생님은 그것으로도 충분히 훌륭하다고 생각해."
- "수학 문제를 풀기 위해 답안지를 보지 않고 애쓰는 모습이 대단하구나!"

3. 동기의 유형

동기는 개인이 어떤 목표를 추구하는지에 따라 크게 네 가지 유형으로 나누어 볼 수 있다. 아래의 네 유형 중에서 숙달 접근 동기는 성공에 대하여는 관심이 있지만 실패에 대하여는 걱정하지 않는 유형이다. 이들은 학습을 가능하게 하는 행동과 인지 과정 자체에 몰두하기 때문에 가장 효과적인 학습자라고 볼 수 있다.

구분		지향성	
		숙달	수행
상태	접근	• 목표: 과제의 숙달, 학습, 이해 • 판단기준: 자기증진, 진보, 과제의 심층 이해	• 목표: 뛰어남, 우월함, 남보다 똑똑함 • 판단기준: 남보다 높은 성취, 최고 등급, 일등
	회피	• 목표: 과제의 비숙달, 비학습, 오해의 회피 • 판단기준: 과제를 틀리지 않기, 부정확하게 수행하지 않기	• 목표: 열등감 회피, 남보다 어리석어 보이지 않기 • 판단기준: 최하 등급이나 꼴찌를 벗어남

1) 숙달 접근 동기

숙달 접근 동기는 숙달 접근 목표를 지향하는 경향성으로써 표현된다. 숙달 접근 목표를 가진 학생들은 <u>학습에 도움이 되는 활동 자체에 몰두하는 경향</u>이 있다. 이들은 더욱 잘 기억하기 위해 또는 실수로부터 배우기 위해 정보처리 과정에 주의를 기울이고 수업을 잘 들으려는 태도를 보인다. 또한, 이러한 목표를 가진 학생들은 학습, 노력 및 실패에 관한 건강한 관점을 가지고 있으며, 학습에도 후퇴가 있을 수 있고, 실패가 있다고 해도 열심히 하고 인내해야 하는 과정으로 생각하는 경향이 강하며, 기본적인 관심사는 '성장하는 자기'가 된다.

사람들은 무엇인가를 학습하는 것에 흥미가 있거나 높은 자기 효능감을 느끼거나 혹은 낙관적인 생각을 가질 때 숙달 접근 목표를 가지는 경향이 있는데, 이러한 성취 목표는 교사들의 격려나 수행 지지와 같은 교수 환경으로 인해 생겨날 수도 있다.

2) 수행 접근 동기

수행 접근 동기는 수행 접근 목표를 지향하는 경향성으로써 표현된다. '내가 똑똑한 사람이라는 것을 보여 주고 싶어서' '부모님이나 선생님에게 인정받고 싶어서' 공부를 한다면 수행 접근 목표를 가지고 있는 사람이다. 수행 접근 목표는 남들에게 좋게 보이고 좋은 평판을 얻고자 하는 욕구로서, 기본적 관심사는 내가 지금 하고 있는 과제 그 자체보다는 '보여 주고 싶은 자기'가 된다. 이 목표는 경우에 따라 성취를 자극하는 긍정적인 효과를 갖는다. 그러나 너무 결과만을 중시하는 환경에 놓이게 된다면(부모님이 성적을 지나치게 강조하는 환경이라면) 단지 결과 획득을 위한 피상적인 학습 전략, 최소한의 노력, 부정행위 가능성 또한 함께 상승된다. 특히, 나이가 어리고 능력이 부족하고, 효능감이 낮은 경우에는 과도한 수준의 목표를 제시하는 것이 오히려 그 개인의 능력의 발달을 저해하는 요인이 되기도 한다.

3) 수행 회피 동기

수행 회피 동기는 수행 회피 목표를 지향하는 경향성으로써 표현된다. 수행 회피 목표를 갖고 있는 사람은 '실패하면 비난 받을 것 같아서' '무능하다는 소리를 듣는 것이 두려워서' 공부한다. 수행 회피 목표는 무능함, 나쁜 평판을 피하려는 욕구로서 기본적인 관심사는 과제보다 '열등한 자기'가 된다. 그래서 이러한 사람들은 새로운 기술을 숙달하는 데 도움이 될 도전적인 과제를 피하려고 한다.

수행 회피 목표가 높은 사람은 시험이나 수업 과제들에 대해 심한 불안을 경험하기도 한다. 즉, 자신의 부족함이나 실패가 드러날 수 있기 때문에 그러한 평가 상황 자체를 회피하고 싶어 한다. 이러한 태도들은 결국 우수한 학업 성취를 방해할 뿐 아니라 결국 낮은 성적을 받게 하는 요인으로 작용한다.

4) 숙달 회피 동기

숙달 회피 동기는 숙달 회피 목표를 지향하는 경향성으로써 표현된다. 숙달 회피 목표를 갖고 있는 사람은 자신이 보유하고 있는 기술 또는 능력이 감소하거나 무능해질 수 있는 부정적인 가능성을 회피하는 데 중점을 두게 되며, 기본적 관심사는 '완벽한 자기'가 된다. 숙달 회피 목표를 지향하는 사람들은 수업과제를 습득하지 못하거나 잘못 이해하는 것을 피하기 위해, 회사에서 일을 처리하는 데 있어서 실수하지 않기 위해, 농구 게임에서 자유투를 실패하지 않기 위해, 이미 배운 것을 잊어버리지 않기 위해, 개인의 신체적 또는 지적 능력을 잃지 않기 위해 노력한다. 보통 완벽주의자나, 자신의 전문영역이나 인생에서 후반부에 위치하고 있는 개인들이 주로 이러한 목표를 지향한다. 연구에 따르면 숙달 회피 목표는 실패에 대한 두려움, 낮은 자기결정성과 관련이 있으며

비조직적인 학습전략과 시험불안에 대한 정적인 예측변수로 작용한다. 이러한 결과는 숙달 회피 목표가 숙달 접근 목표보다는 부정적인 결과 패턴을 보이며 수행 회피 목표보다는 긍정적인 패턴을 나타내는 것을 보여 준다.

5) 숙달 목표의 발달

숙달 목표는 내부로부터 나온다. 즉, 외부에서 주어지는 보상물로 인해 형성되는 부차적인 것이 아니다. 그렇기 때문에 사람들이 무엇인가를 학습하는 것에 흥미를 가지거나 높은 자기 효능감을 느끼거나 낙관적인 생각을 가질 때 숙달 목표를 갖는 경향이 있다.

또한, 학습 상황에서 교사가 무조건 암기하라고 하기보다는 이해를 강조할 때 숙달 목표가 형성되기 쉽다. 학령기 이전의 아이들은 호기심도 많고 배우는 것 자체를 재미있게 여기는 등 숙달 목표를 가지는 것을 좋아한다. 하지만 학교에 들어가게 되면 이러한 목표에 변화를 겪게 된다. 왜냐하면 자신의 수행이 어느 정도인지 그 수준과 위치를 보여 주는 비교 대상(또래)이 존재하고, 어른들이 암묵적으로 경쟁을 시키거나 비교를 하기도 하며, 시험과 같은 지적 과제에 대한 수행 압력이 높아지게 된다.

이처럼 학교 장면에서는 수행 목표가 자극되는 환경이다 보니 학업 자체를 즐겁게 경험하기보다는 '해내야 하는 것, 잘해야 하는 것'으로 인식하게 되면서 흥미가 점차적으로 감소하게 된다.

따라서 아이들을 지도할 때에는 숙달목표를 지향하도록 아이의 흥미와 가치를 잘 판단하고 그에 따른 피드백을 주는 것이 매우 중요하다.

II 목표와 동기

1. 목표 설정

목표란 개인이 성취하려고 노력하는 것이다. 목표는 개인의 주의를 <u>그들의 현재 성취수준과 이상적인 성취수준 간의 불일치에 집중시킴으로써 동기를 생성</u>해 낸다.

1) 목표 설정의 중요성

일반적으로 말해서 목표가 있는 사람들이 목표가 없는 사람들보다 수행을 더 잘한다. 그리고 같은 사람도 목표가 있을 때 목표가 없을 때보다 수행을 더 잘한다. 그래서 자신이 목표를 세우거나 혹은 다른 사람들이 세워 준 목표를 수용하는 사람이 목표를 세우지 않거나 이러한 목표를 수용하지 않는 사람보다 수행을 더 잘한다.

> **실험**
>
> 초등학생들에게 2분 동안 윗몸일으키기를 하도록 한 후, 한 집단에게는 자신들이 2분 동안 얼마나 많은 윗몸일으키기를 할 것인가에 대한 목표를 세우도록 한 반면, 다른 학생들은 미리 정한 목표 없이 그냥 윗몸일으키기를 하도록 했다. 실험 결과 목표 설정 집단 학생들이 목표 없는 집단 학생들보다 유의하게 더 많은 윗몸일으키기를 완수했다.

위의 실험에서 첫 번째 집단에 속한 학생들이 다른 집단의 학생들보다 더 건강하거나 운동을 더 잘하는 학생은 아니었다. 그보다는 목표가 있는 상황이 목표가 없는 상황에서는 가능하지 않은 다양한 방식으로 그들의 윗몸일으키기 수행에 활력을 주고 방향을 제시해 준 것이다.

2) 장기목표와 단기목표

(1) 장기목표

여러 분야에서 성공한 사람들을 조사해 보면 한 가지 공통점을 찾을 수 있는데, 그들은 하나같이 확고한 목표와 목표에 대한 집요함을 가지고 있었다는 것이다. 목표가 없으면 성공은 불가능하다. 성공이 무엇인지 정해 놓지 않으면 결코 거기에 도달할 수 없다. 그래서 가야 할 곳을 안다는 것은 정말 중요한 일이다.

장기적인 목표 설정의 장점
- 선택에 대한 확실한 지침을 제공해 준다.
  목표는 우리가 원하는 것을 달성할 수 있는 활동에만 초점을 맞추게 하며, 가치 없는 일에 시간을 낭비하지 않게 도와준다.

● **역경 속에서도 쉽게 포기하지 않게 한다.**

정신과 의사 Viktor Frankl은 자신의 저서 『죽음의 수용소』에서 나치 수용소에서 끝까지 살아남은 사람들에 대해 이렇게 말했다. "그들은 가장 건강한 사람도, 가장 영양 상태가 좋은 사람도, 가장 지능이 우수한 사람도 아니었다. 그들은 살아야 한다는 절실한 이유와 살아남아서 해야 할 구체적인 목표를 가진 사람들이었다. 목표가 강한 의욕과 원동력을 지속적으로 제공했기 때문이다."

● **지겨움을 줄여 주고 성취감을 갖게 한다.**

목표 없이 하는 일은 달성 여부를 확인할 수 없기 때문에 쉽게 지겨워진다.

● **효과적인 해결 방법을 찾게 해 준다.**

목표를 정하면 주변의 사물들을 목표와 관련지어 새롭게 인식하게 되고, 필요한 정보들이 눈에 띄며, 새로운 아이디어가 떠오르게 된다. 우리의 뇌에는 흥미를 느끼는 정보에만 선택적으로 관심을 기울이게 하는 필터가 있기 때문이다. 심리학에서는 이를 '선택적 주의' 현상이라고 한다.

(2) 단기목표

목표가 항상 수행을 증진하는 것은 아니다. 도전해 볼 만하다고 느껴질 정도로 어렵고 구체적인 목표여야 수행 증진으로 연결될 수 있다. 구체적인 목표는 주의집중을 가능하게 한다. 목표는 수행자로 하여금 어디에 집중하고 구체적으로 무엇을 해야 할지를 알려 주고 개인의 주의를 현재 진행 중인 과제에 집중하게 함으로써 부차적인 과제에는 관심을 두지 않게 한다. 또한 구체적인 목표는 전략적 계획을 세울 수 있게 한다. 수행자로 하여금 전략적 행동 방향을 계획하도록 촉구하고, 자신들의 과제 지식과 전략들을 사용하도록 유도한다. 학생들이 마음속에 구체적인 목표를 가지고 있는 경우, 처음 수행에서 성공하지 못하면 그 전략은 버리고 새롭고 향상된 전략을 만들어 냄으로써 전략을 수정하는 경향이 있다.

목표를 구체적인 형태로 바꾸는 방법 중 하나는 장기목표까지 이르는 일련의 단기목표를 설정하는 것이다. 특히 진로와 같이 장기적인 목표를 추구하는 사람들은 수행 피드백과 정적 강화를 받을 기회가 부족하기 때문에, 단기목표들을 설정함으로써 끈기를 유지해야 한다. 예를 들어, 의사가 되려는 사람은 '먼저 높은 성적 받기, 의과대학에 입학하기, 의과대학을 졸업하기, 인턴 과정, 전문의가 되기 위한 과정과 시험에 통과하기' 등으로 목표를 쪼개 볼 수 있다. 단기목표는 장기목표가 제공할 수 없는 목표달성 후 강화를 받는 기회들을 반복적으로 제공한다. 단기목표는 또한 수행자로 하여금 수행이 목표 수준에 있는지, 그 이상에 있는지, 그 이하에 있는지를 평가할 수 있게 하는 피드백을 받을 기회를 반복적으로 제공한다. 전국 챔피언 되기와 같은 장기목표를 위해 노력하는 운동선수들은 매주 있는 경기에서 이기기와 같은 단기목표를 향해 노력하는 운동선수에 비해 매일 매일의 피드백을 받을 수 있는 기회가 거의 없다.

단기목표와 장기목표가 내재동기의 형성에 미치는 영향에 대한 연구결과, 목표 설정의 영향력은 과제에 대한 흥미 정도에 따라 다르게 나타나는 것으로 밝혀졌다. 먼저, 흥미 없는 과제에서 단기목표는 긍정적 피드백을 위한 기회, 진전을 보이는 경험, 그리고 유능감을 증진할 수 있는 방안들을 만들어 내는데, 이 모든 것들은 내재동기를 향상시킨다. 그러나 흥미 있는 과제에서는 장기목표만이 내재동기를 촉진한다. 높은 흥미를 가진 수행자들에게 단기목표는 불필요하고, 방해가 되며, 통제적인 것으로 받아들여진다. 반대로 사람들은 장기목표를 자기들 방식대로 추구하는 것을 선호하며, 이러한 자율감은 왜 장기목표가 내재동기를 증진할 수 있는지를 설명한다.

3) 진로와 동기

사실 '동기'라는 항목은 짧은 시간 안에 어떤 방법이나 기법을 통해서 순간적으로 변화시킬 수 있는 성질의 것은 아니다. 하지만 전혀 방법이 없는 것도 아니다. 실제로 학습상담이나 컨설팅이 가장 필요한 아이들은 바로 공부에 대한 동기가 부족하거나 없는 아이들일 것이다. 아이들이 학습동기를 높여 줄 수 있는 여러 방법 중의 하나는 바로 자신의 진로에 대해 관심을 갖고 탐색해 보는 것이다. '공부'나 '학습'보다는 덜 무겁고 좀 더 재미있는 '나의 미래'에 대해 생각해 봄으로써, 인생의 로드맵을 그려 볼 수도 있고, 그런 과정에서 공부에 대한 필요성이나 관심을 갖게 될 수도 있기 때문이다.

한 사람의 진로 특성이 어떻게 발달되고 성숙되는지에 대해서는 다양한 이론들이 존재한다. 정신분석이론부터 시작해서 욕구이론, 인성이론, 특성이론, 진로발달이론 및 의사결정이론, 사회학습이론 등이 있으며, 최근 들어서는 인지적 정보처리 접근과 가치중심적 진로접근 등의 이론이 주목받고 있다.

2. 진로 목표 설정의 핵심요소

1) 적성(aptitude)

적성은 개인에게 내재되어 있는 능력으로서, 어떤 분야에 적성이 있다는 것은 그 분야에 소질이 있어 일을 효율적으로 성취할 능력이 있다는 것을 의미한다. 일반적으로 적성은 개인이 가지고 있는 일반 능력인 지능과 구별되는 특수한 능력을 의미하며 개인이 어떤 직무를 성공적으로 수행할 수 있을지를 예측하게 해 준다.

그렇다면 어떻게 자신의 적성을 알 수 있을까? 어떤 사람은 운 좋게 특정 분야에서 일찍 두각을 나타내게 되어 적성을 쉽게 찾는 경우도 있지만, 많은 사람들은 뚜렷하게 나타나는 소질이 없어 진로 선택에 혼란을 겪기도 한다. 자신의 적성을 알아내기 위해서는 여러 가지 경험을 통하여 자신이 무엇을 잘하는지 찾아보는 것이 좋다. 다양한 분야를 접해 본 사람만이 자신의 잠재 능력이 발휘될 기회를 가질 가능성이 높기 때문이다. 그렇지 못할 경우는 자신을 잘 알고 있는 친구나 선생님과 같은 주위 사람들의 평가를 들어 보거나 적성 검사를 실시해 보는 방법 등이 있다. 하지만 한 가지 방법만으로 적성 여부를 판단하기보다는 다양한 방법을 통하여 공통되는 특성을 찾아내는 것이 더 객관적이고 정확하다. 또한 적성은 선천적인 경향이 강하지만 학습에 의하여 길러지기도 하므로 꾸준한 노력을 통해 적성을 계발하도록 해야 한다.

적성 검사는 과업 수행 능력의 가능성 수준을 보여 주기 때문에 미래의 교육과정이나 직업훈련에서 성공할 가능성을 예상할 때 주로 사용된다. 적성검사는 만일 자신이 적성에 맞는 직업만 찾을 수 있다면 그 직업에서 성공할 수 있을 것이라 믿는 사람에게 아주 매력적인 검사다. 그러나 안타깝게도 적성검사는 많은 일반적 적성을 측정하는 것으로 개인의 궁극적인 성공에 대한 확신을 예상하는 데 필요한 정확성을 확보하고 있지 않다.

진로상담에서 활용 가능한 적성검사 목록

검사명	대상	형태	발행처
청소년용 적성검사	중, 고	인터넷, 지필	워크넷
성인용 직업적성검사	성인	인터넷, 지필	워크넷
직업적성검사	중, 고	인터넷	커리어넷
이공계전공적합도 검사	대학생, 성인	인터넷	커리어넷
CET 진로탐색검사	초, 중, 고, 대학생, 성인	인터넷, 지필	학지사 심리검사연구소
CATA 적성검사	중, 고	지필	학지사 심리검사연구소

2) 흥미(interest)

흥미란 어떤 종류의 활동 또는 사물에 대하여 특별한 관심이나 주의를 가지게 하는 개인의 일반화된 행동 경향을 말한다. 적성이 유전적이고 선척적인 경향이 강하다면 흥미는 좀 더 후천적인 경향이 강하여 경험과 학습으로 변화하는 특성을 보인다. 보통 어릴 때의 흥미는 단편적이고 유동적인 경향을 보이지만 성장함에 따라 단편적인 것에서 종합적인 것으로, 유동적인 것에서 안정적인 것으로 변한다.

진로상담에서 활용 가능한 흥미검사 목록

검사명	대상	저자	발행처	발행년도
SDS 자기탐색 검사	대, 성인	Holland	한국가이던스	2000
Strong 직업흥미검사	대, 일반	김정택 외	한국심리검사연구소	2001
Strong 진로탐색검사	중, 고	김정택 외	한국심리검사연구소	1999
홀랜드 진로발달검사	초	안현의, 안창규	학지사 심리검사연구소	2014
홀랜드 진로적성검사	중, 고	안현의, 안창규	학지사 심리검사연구소	2014
홀랜드 계열적성검사	고1	안현의, 안창규	학지사 심리검사연구소	2014
홀랜드 전공적성검사	고	안현의, 안창규	학지사 심리검사연구소	2014
직업흥미검사	중2~고	노동부	노동부	1994
흥미검사	중, 고	행동과학연구소	행동과학연구소	1992
KIB흥미검사	중, 고	행동과학연구소	행동과학연구소	1992

흥미와 적성 중 진로를 결정하는 데 있어 무엇이 더 중요한가를 말하기는 매우 어렵다. 보통은 적성과 흥미가 대체로 일치해서 나타나는데 사람들은 자기가 잘하는 일을 좋아하고, 좋아하는 일을 잘하기 때문이다. 처음에는 좋아서 한 일도 성공을 거두려면 피나는 노력을 해야만 한다. 노력 없이는 어떤 분야에서도 성공하기가 힘들며, 끈질기게 노력할 수 있는 힘은 자신이 좋아하는 일을 할 때 안정적인 상태를 유지한다. 또 좋아하는 일을 하면 일에 대한 성취감과 만족감이 더 크기 때문에 흥미가 있는 일을 한다는 것은 개인의 행복과 직업적 만족을 얻는 데 매우 중요하다.

3) 가치(value)

가치관이란 개인이 특정 상황에서 선택이나 결정을 내려야 할 때, 어떤 특정한 방향으로 행동하게 하는 원리나 믿음 또는 신념을 의미한다. 따라서 가치관은 개인의 진로결정에서 판단근거가 되는 동시에 진로행동을 이끄는 역할을 한다.

직업 가치관은 직업에서의 만족감을 좌우한다. 돈에 최고의 가치를 두고 있는 사람은 돈을 많이 버는 직업을 선호하며, 명예나 권력에 최고의 가치를 두고 있는 사람은 명예나 권력이 보장되는 직업을 갖기 위해 노력한다. 반면, 사회 봉사에 가치를 두고 있는 사람은 가난한 이웃들과 함께 하며 봉사하는 삶을 살 때 행복과 만족을 느낄 수 있다.

진로상담에서 활용 가능한 가치관검사 목록

검사명	대상	형태	발행처
직업가치관검사 (*총 13개의 가치관으로 분류)	중3 ~ 성인	인터넷, 지필	워크넷
직업가치관검사 (*총 11개의 가치관으로 분류)	청소년, 성인	인터넷	커리어넷

3. 자기 개념과 목표

1) 자기 개념(self concept)

(1) 정의

자기 개념은 개인의 기본적인 본성, 독특한 속성들 및 전형적인 행동에 대한 신념의 집합체라고 할 수 있다. '나는 키가 작다' '사람들과 어울리기를 좋아한다' '쉽게 긴장을 한다' 'IQ가 높다' 등 우리가 자신에 대해 갖는 개념들은 수없이 다양하다.

대체로 사람들은 자기 개념이 높다/낮다와 같이 하나의 속성이나 수준으로 이야기를 하지만 한 사람에게서도 수없이 다양한 자기 개념이 있을 뿐 아니라 상황별로 작용하는 자기 개념 또한 매우 다양하다.

(2) 특징

① 자기 개념은 상대적으로 독특한 사고와 감정에 의해 특성화된다.

친구들 속에서 관계를 맺고 유지하는 것에 능력이 있다고 느끼는 학생들은 사교적인 측면에서는 자신감이 있을 것이다. 하지만 운동능력은 별로 뛰어나지 않다면 운동에 대한 자신감은 별로 느끼지 못할 것이다. 따라서 자기 개념은 전반적이고 일반적인 속성이라기보다는 특정 <u>상황별로 작용할 때가 더욱 많다.</u>

② 작동하고 있는 자기 개념(working self-concept)

특정한 자기 개념이 작용하게 되면 그때 수반되는 생각과 감정은 특정 자기 개념과 관련된 정보를 처리하는 데 강력한 영향을 미친다. 즉, 공부를 할 때에는 신체적인 외모와 관련된 자기 개념이나 사교적인 측면에서의 자기 개념보다는 지적인 자기 개념과 연관되어 있는 사고와 신념이 더욱 많은 영향을 줄 것이다. 반대로, 데이트를 할 때에는 지적인 자기 개념보다는 사교적인 자기 개념이 더욱 많은 영향을 미칠 것이다. 이와 같이 특정 상황에서만 주로 영향을 미치는 자기 개념을 '작동하고 있는 자기 개념'이라고 부르며, 이것은 당면한 과제와 상황 그리고 그 과제나 상황에서의 적응에도 다양한 영향을 미치게 된다.

(3) 자기 개념의 영역

자기 개념은 학자에 따라서 다양하게 분류되고 나뉘는데, 그중 대표적인 것이 Don Hamachek(1992)의 분류다. Don Hamachek(1992)는 자기 개념을 신체적, 사회적, 정서적 및 지적인 자기 개념의 네 가지 영역으로 나누었다.

① 신체적 자기

신체적인 외모 및 신체적 능력과 관련된 자기 개념이다. '키가 크다, 잘 달린다, 날씬하다, 뚱뚱하다, 키가 작다' 등이 이에 해당된다.

② 사회적 자기

사회적인 자기를 말한다. '친구를 잘 사귄다, 사람들과의 만남을 별로 좋아하지 않는다, 수줍어한다, 인기가 있다, 친구들과 어울리기를 좋아한다' 등이다.

③ 정서적 자기

정서적인 경험이나 정서적인 표현과 관련된 자기를 말한다. '쉽게 긴장을 한다, 화를 잘 낸다, 우울하다, 즐겁다' 등이 이에 포함된다.

④ 지적인 자기

지적 능력, 학업 수행 및 성취와 관련된 자기를 말한다. '수학을 잘한다, 기억력이 나쁘다, 주의력이 좋다, 창의성이 있다, 국어를 잘하고 좋아한다' 등이 이에 해당된다.

(4) 자기 개념의 변화 가능성

자기 개념은 변화 불가능한 것은 아니지만 그렇다고 쉽게 변화되는 것도 아니다. 인간은 기본적으로 자기 자신이 가지고 있는 자기 개념에 부합하는 방향으로 행동하고 생각할 뿐 아니라 다른 사람으로부터도 그러한 피드백을 받으려고 하는 경향이 있다. 즉, 자신이 생각하는 자기 개념이 편안하고 익숙하기 때문에 그것과 일치하지 않는 정보가 나타나면 혼란스러워한다. 그래서 사람들은 자신이 생각하는 자기 개념을 일관되게 유지하고자 하는 욕구를 가지고 있으며, 이러한 양상을 자기 개념의 안정성이라고 부른다.

하지만 이렇게 자기 개념이 안정적이라고 하더라도 이것은 변화하는 것이며, 역동적인 속성을 가지고 있다. 물론 하루아침에 변하거나 단시간 내에 바뀌지는 않는다고 하더라도 자기 개념은 점차적으로 변화될 수 있는 것이다.

이러한 자기 개념은 자기가 자신을 보는 방식과 같이 자신의 정보처리 방식이나 관점에 영향을 미칠 뿐 아니라 타인이 자신에게 주는 피드백과 평가와 같이 외부에서 주어지는 정보나 관점에 의해서도 영향을 받는다.

2) 가능한 자기(possible self)

(1) 정의

자기 개념은 현재 내가 처한 상황이나 행동에 영향을 줄 뿐 아니라 자신의 미래 행동에도 영향을 미치는 예언적인 역할을 하기도 한다.

그 대표적인 개념이 바로, '가능한 자기(possible self)'다. 이것은 내가 미래에 되어 있을 모습에 대해 스스로가 가지는 개념이다. 즉, 미래에 자신이 무엇이 되고 싶다거나, 어떤 것을 달성하고 싶다고 한다면 이는 그러한 영역에서 '가능한 자기(possible self)'가 있음을 의미한다.

'가능한 자기(possible self)'는 한순간에 발달되는 것이 아니라 과거의 경험(성취를 했느냐, 하지 못했느냐, 좋은 느낌이 있느냐, 나쁜 느낌이 있느냐), 현재의 행동(내가 지금 목표로 하고 있는 것을 하고 있는가? 아닌가?) 및 미래의 기대(달성 가능할 것이다, 하지 못할 것 같다)로부터 발달되는 것이다.

(2) 역할

'가능한 자기(possible self)'는 미래지향적인 개념이다. 따라서 다음과 같은 긍정적인 역할을 한다.

● 미래 목표를 가지도록 한다. 즉, 내가 가능하다고 생각하는 것에 대해서 기대를 가지고 새로운 목표를 설정하도록 돕는다.
● 목표와 관련된 정보와 인물에 관심을 가지게 한다. 자신이 목표로 정한 것이 있다면 그러한 목표를 달성하기 위해 필요한 정보 혹은 자신의 목표와 동일한 목표를 미리 달성한 모델의 모습이나 역할에 더 많은 주의를 기울이게 한다.
● 목표를 달성하는 데 필요하고 관련된 기술들에 더 집중하게 해 준다.

하지만 가능한 자기가 늘 이렇게 긍정적인 역할만을 하는 것은 아니다. 때로는 부정적으로 작용하기도 한다. 즉, 두려워하는 대상이나 그렇게 될지도 모르는 사람이 '가능한 자기(possible self)'가 되기도 해서 회피하고자 하는 상(image)으로 기능하기도 한다.

가령, 상당히 폭력적이고 공격적인 아버지 밑에서 자란 아들이라면 '가능한 자기(possible self)'가 아버지와 같은 모습이 될 수도 있다는 생각을 하기도 한다. 그래서 그렇게 되지 않고자 하지만 정작 자신이 되고 싶지 않았던 바로 그 모습이 바로 '가능한 자기(possible self)'가 되기도 한다.

3) 자기 개념의 형성에 영향을 미치는 요인들

(1) 자기 행동에 대한 관찰

우리의 태도는 우리의 행동을 결정한다. 하지만 우리의 행동이 우리의 태도를 변화시키기도 한다. 즉, 우리의 태도와 행동은 서로 영향을 미치고 있다.

인지부조화[2] 이론(cognitive dissonance theory)에 의하면 사람들은 <u>자신의 행동과 태도를 일관되게 유지하려는 경향</u>이 있기 때문에 사람들은 자신의 행동을 정당화하기 위해 태도를 새롭게 형성하거나 기존의 태도를 행동에 걸맞게 변화시킨다. 자기 개념, 즉 자신의 신념에 맞는 행동을 한다면 자신의 자기 개념은 더욱 강화되고 공고화되겠지만 반대로 자기 개념에 맞지 않게 행동을 한다면 자신의 행동을 변화시키거나 때로는 그런 행동에 대한 해석을 바꾸기도 한다.

한편 사람들은 자신의 행동을 관찰함에 있어 객관적이지 못한 경우가 많다. 일반적으로 자신을 평가할 때는 긍정적인 방향으로 왜곡하는 경향이 있다. 대부분의 사람들은 자신의 실제 장점보다 더 긍정적인 쪽으로 자신을 평가하는 경향이 있다. 하지만 반대로 부정적인 방향으로 왜곡을 하기도 한다. 뭐든지 과소평가를 하고, 못한다고 생각을 하고, 계속해서 현실적인 수준보다도 비현실적으로 부정적으로 평가하는 경우가 있다. 특히, 자기 개념이 낮은 학생들의 경우가 그렇다. 이들은 자신은 무엇이든지 잘하지 못한다고 생각하는 경향이 크기 때문에 자신의 수행의 결과를 늘 부정적으로 볼 때가 많다. 잘했다는 평가를 받았을 때조차도 그러한 평가는 "내가 잘해서가 아닌 운이 좋아서."라는 식의 낮은 자기 개념에 맞는 방향으로 해석을 하게 된다.

(2) 타인과의 비교

사람들은 자신이 얼마나 매력적인지, 얼마나 그 과목을 잘하는지, 얼마나 사회적인 기술이 좋은지 등을 결정하기 위해 자신과 타인을 비교한다. 지적인 능력이나 사회적인 매력도 등은 모두 절대적인 개념이 아니라 상대적인 개념이기 때문에 타인과의 비교는 어쩌면 당연한 것이다.

사람들은 자기 상(self-image)을 유지하고 자신이 가진 기술을 향상시키기 위해서 사회 비교를 사용한다. 자기존중감을 높이기 위해서는 나보다 못한 사람을 준거집단(reference group)으로 사용하지만 반대로 내가 뭔가를 잘하기를 원하는(발전되기를 원하는 영역이 있다면) 상황이라면 나보다 우월한 능력을 가진 사람을 준거집단으로 선택할 것이다.

---

2 인지부조화란 태도와 관련된 고전적 연구 주제 중 하나로서 둘 이상의 태도 사이 혹은 자신의 행위와 태도 사이의 비일관성을 의미하는 단어이다. 인지부조화 이론은 1957년 사회심리학자 페스팅거(Festinger)가 제기한 이론으로, 현상에 대한 지각, 판단, 사고 등의 지식이 결합된 하나의 인지가 자신이 가지고 있는 다른 인지와 논리적으로 불일치하여 발생되는 상태를 의미한다.

(3) 타인의 피드백

자신의 행동에 대해서 타인들이 주는 피드백은 자기 개념에 영향을 미친다. 하지만 모든 사람이 우리의 인생에 똑같은 영향을 주는 것은 아니다. 하지만 인생 초기에는 부모나 가족 구성원들이 제공하는 피드백이 지배적인 역할을 하고, 성장하면서는 또래나 선생님과 같은 또 다른 사람들의 피드백이 자기 개념 형성에 많은 영향을 미친다.

어린 시절부터 지속적으로 부정적인 피드백에 노출된 아이들은 계속적으로 부정적인 자기 개념을 강화해 가는 경향이 있다. 즉, 자기 개념이 부정적일 때 아이들은 비난이나 거절을 당하면 자신의 무가치감이나 부족함을 또 한 번 확인하게 되면서 부정적인 자기 개념이 더욱 굳어진다.

아이들의 경우 부모가 심어 주는 피드백이나 관점들을 더욱 잘 흡수하기 때문에 이때 주어지는 지속적인 비난이나 부정적인 피드백은 자기 개념 형성에 상당히 부정적이고 치명적인 결과를 일으킬 수 있다. 이처럼 어린 시절에는 부모를 비롯한 가족으로부터 받는 피드백이 상당히 비중이 있지만, 학령기를 거치면서는 선생님의 피드백 그리고 청소년기가 되면서는 또래들의 피드백이 상당히 중요한 위치를 차지하게 된다.

물론, 타인으로부터 받는 피드백을 100% 모두 흡수하는 것은 아니다. 자신의 사회적 지각체계를 통해 여과되기도 하고, 자기 판단이나 스스로가 가지고 있는 자기 개념에 맞게 수정되고 여과되기도 한다. 하지만, 낮은 자기 개념을 가진 경우에는 이러한 여과 기능이 잘 발휘되지 못하기 때문에 자신에게 주어지는 부정적인 피드백을 대부분 그대로 내재화하는 경향이 강하다.

(4) 문화적 지침들

사람들은 문화적 기대에 합치할 때 자기 자신을 좋게 느끼고, 자기존중감이 높아진다. 하지만 그 반대로 문화적 기대에 부응하지 못하면 자기존중감이나 자기 개념이 낮아질 수 있다.

사회적으로 명문대학, 대기업과 같이 문화적인 기대와 높은 평가를 받는 업적이나 성과를 거둔다면 자기 개념이 높아지는 데 반해 그러한 것에 미치지 못하거나 사회적으로 열등하다고 보는 일을 한다면 자기 개념은 낮아질 가능성이 크다.

사회의 변화로 인해 개인주의적이고 창의적인 개성이 높은 평가를 받는 사회적 분위기가 형성되어 있기는 하지만 여전히 특히, 학생들 내에서는 문화적인 기대, 사회적인 기대에 부합되는 가치에 따라 자기 개념이 영향을 많이 받게 되는 것이 사실이다.

잘하는 공부 어떻게 해야 할까?

마음의 힘을 키우는
행복한 공부

◎ **목 표** 학업성취는 '능력' 보다 '태도'가 더 중요한 역할을 합니다. 공부를 어려워하는 대부분의 학생들은 능력이 부족해서가 아닌, 자신의 능력을 제대로 활용하지 못하거나 인식하지 못하는 문제를 안고 있습니다. 이번 시간에는 공부에 대한 인식과 어려움에 대해 탐색해보고, MLST 학습전략검사 결과를 통해 자신의 학습 문제와 그 해결 방안에 대해 생각해보도록 합니다.

모죽이야기

한국과 중국, 일본에 자생하는 모죽이라는 대나무가 있습니다. 이 대나무는 처음 심고 나서 5년이 될 때까지는 아무리 물을 주고, 정성을 다해도 전혀 자랄 기미를 보이지 않습니다. 하지만 5년을 채우고 나면 그때부터 하루에 70~80cm씩 자라나기 시작해 무려 30m까지 자라나 위용을 과시합니다.

그런데, 아무리 물을 주고 정성을 다해도 잘 자라지 않던 대나무가 어떻게 5년이 지난 후에는 그 짧은 시간에 30m까지 자랄 수 있을까요? 쓰러지지도, 부러지지도 않고 말이죠.

그 비밀은 뿌리에 있습니다.

모죽은 5년 동안 뿌리를 사방으로 깊숙하게 내려서 그 뿌리가 수십 미터나 뻗친다고 합니다. 겉에서 보았을 때는 아무런 변화도, 성과도 없는 듯하지만 5년 동안 기초를 다지기 위한 노력을 하는 것입니다. 이러한 노력 때문에 결국 멋지고 당당한 모습을 세상에 드러낼 수 있는 것이지요.

― 혹시 여러분은 지금 열심히 공부해도 만족스러운 결과가 나오지 않아 실망하고 있나요?

'난 왜 이렇게 안될까?', '난 못하겠어' 라는 생각이 드나요?

그렇다면 30m 높이로 자라나 세상을 놀라게 하는 '모죽'처럼 지금은 땅속 깊숙한 곳에서 뿌리를 내리고 있는 중이라고 생각해보세요. 지금의 노력은 미래에 내가 성공하기 위한 밑거름으로 작용할 것입니다.

★ 이번 시간에 배울 내용

- 공부에 대한 나의 생각은?
- 나의 학습전략 효율성은 어느 정도일까?
- 공부가 어려운 이유는 무엇일까?

내가 공부하는 이유는?

| 목표 | 외재적 동기를 가지고 공부하고 있는지, 내재적 동기를 가지고 공부하고 있는지를 점검할 수 있습니다.

A1
5m

● **다음은 나의 학습동기 유형을 알아보기 위한 문항들입니다. 각 문항을 읽고 나에게 해당된다고 생각되는 문항에 V 표시 하세요.**

내가 공부하는 이유는?	V 표
1. 부모님의 강요로	
2. 부모님을 기쁘게 해 드리고 싶어서	
3. 선생님의 칭찬을 받기 위해서	
4. 남에게 지는 것이 싫으니까	
5. 남들보다 좋은 대학에 가려고	
6. 꿈을 실현하기 위해서	
7. 궁금한 것을 알고 싶어서	
8. 즐거움을 느낄 수 있기 때문에	
9. 배우는 것이 좋아서	
10. 성취감을 느낄 수 있으니까	

1~5번 문항에 체크한 개수 : _____

6~10번 문항에 체크한 개수 : _____

A type 1~5번 문항에 "예"라고 답한 것이 많은 사람

  ＞ 다른 사람들의 칭찬과 인정, 눈에 보이는 결과만을 위해 공부하고 있군요.

B type 6~10번 문항에 "예"라고 답한 것이 많은 사람

  ＞ 스스로의 만족감이나 성취감, 목표 달성을 위해 공부하고 있군요.

tip 외재적 동기(A type)의 경우 공부할 때 어떤 어려움을 겪을 수 있을지 질문하고, 외재적 동기와 내재적 동기의 차이를 간단히 언급해주면 학생들의 이해를 도울 수 있습니다.

나에게 있어 '공부'란?

| 목 표 | 학생들이 공부에 대해 어떤 생각과 감정을 가지고 있는지를 탐색해볼 수 있습니다.

우리가 매일 해야 하는 공부! 여러분은 이 단어에서 어떤 것이 연상되나요?

'공부' 하면 떠오르는 생각을 세 가지 적어보세요. 그런 다음, 공부에 대한 내 느낌을 잘 나타내는 감정 스티커를 골라 옆 칸에 붙여봅시다. 또 그렇게 느끼는 이유에 대해서도 적어봅시다.

떠오르는 생각은?	그건 어떤 감정이지?	그렇게 느낀 이유는?
ex - 짜증난다.	ex 짜증	ex - 공부하라는 엄마의 잔소리가 생각나서

| 유 의 점 | 최대한 공감적이고 수용적인 분위기를 형성하여, 학생들이 자신의 생각을 편안하게 이야기할 수 있도록 이끌어줍니다.
이때, 같은 경험이나 느낌을 적은 다른 친구들은 없는지를 질문하면서 서로 공감대를 형성하도록 하는 것이 도움이 됩니다.

공부 스트레스 마인드맵 그리기

|목표| 평소 공부를 어렵게 만드는 스트레스원에 대해서 탐색해볼 수 있습니다. 공부 자체뿐만 아니라, 부모님, 친구들, 주변 환경, 진로와 미래 등과 같이 현재의 공부에 영향을 줄 수 있는 다양한 영역들에 대해서 탐색해보도록 지도해주세요.

공부 스트레스 마인드맵을 통해 현재 느끼고 있는 공부에 대한 스트레스와 어려운 점들을 좀 더 명확하게 살펴봅시다.

먼저 '공부 스트레스'로 중심 이미지를 잡고 주변의 여러 가지 장면의 이미지나 단어를 연상해서 적어보세요. 공부와 관련된 일, 생각, 느낌 등을 자유롭게 떠올리며 만들어보세요.

공부할 때 자주 부딪히는 어려움

| 목표 | 앞에서 자유롭게 탐색해본 공부할 때의 어려움을 좀 더 구체적으로 정리해봅니다. 어려움의 정도를 수치화하는 작업을 통해 현재 자신에게 가장 문제가 되고 있는 것은 무엇인지 알아볼 수 있습니다.

누구에게나 공부는 어렵고 힘든 일이지만, 그 이유는 사람마다 다릅니다. 공부할 때 가장 해결하고 싶은 문제나 공부가 어렵게 느껴지는 이유는 무엇인지, 그 이유가 몇 퍼센트나 해당하는지를 적어보세요.

공부할 때 자주 부딪히는 어려움	
계획을 세워도 자꾸 미루게 됨	50 %
엄마 잔소리 때문에 공부를 하려고 하다가도 하기 싫어짐	20 %
공부하는 방법을 모르겠음	10 %
수업 내용을 따라가기가 힘듦	10 %
공부하려고 하면 게임하고 싶은 마음에 집중이 안됨	10 %
합	100 %

앞에서 정리한 이유들을 다음 페이지에 뇌 구조로 표현해 봅시다. 아래의 작성 예시
를 참고하세요.

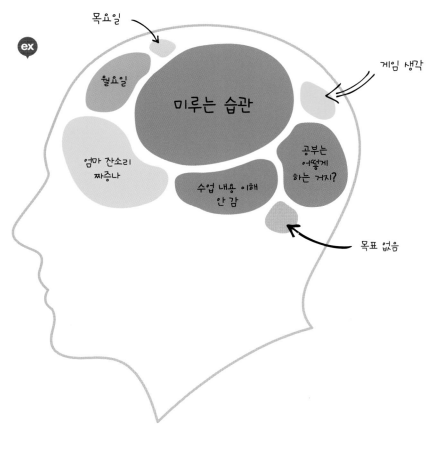

〈 공부가 어려운 이유는? 〉

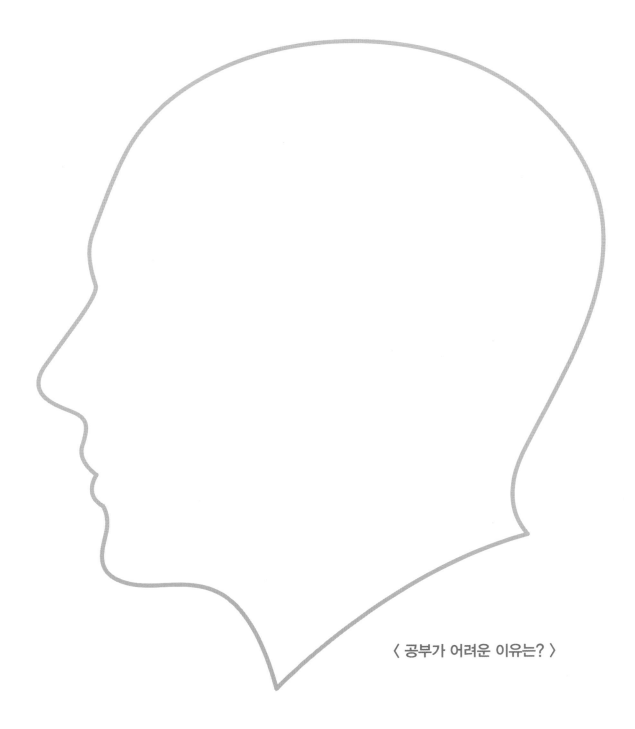

〈 공부가 어려운 이유는? 〉

공부의 심리학 – 성적에 영향을 주는 필요조건

| 목표 | 지능이 학업성취에 미치는 영향에 대해서 알아봅니다.

● **첫 번째 : IQ**

여러분은 IQ가 공부에 얼마만큼 영향을 준다고 생각하나요? 다음의 파이그래프에 표시해봅시다.

〈 IQ가 공부에 미치는 영향은? 〉

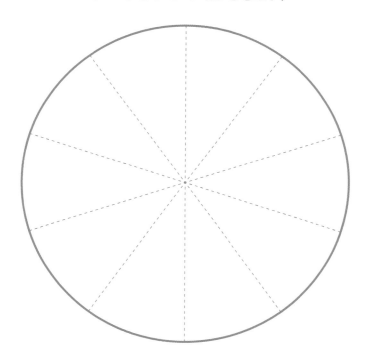

> 실제로 IQ가 성적에 차지하는 비중은 ___25___ %

공부를 잘하는 사람들을 보면 흔히 '머리가 좋을 것이다'라는 생각을 합니다. 물론 공부는 지적인 과정이기 때문에 IQ가 높은 사람이 유리합니다. 하지만 같은 지능을 가지더라도 성적의 차이는 천차만별이며, 지능은 높지만 공부를 못하는 사람은 물론 지능이 높지 않지만 성적이 좋은 사람도 있습니다.

| 유 의 점 | 필요조건은 학업성취를 이루기 위해서 결핍되어서는 안 되지만, 그것만으로는 충분하지 않은 것들을 말합니다. 많은 학생들이 지능의 영향력에 대해 과대하게 지각하고 있는데, 이번 시간을 통해서 지능에 대한 잘못된 신념을 바로잡을 수 있도록 합니다.

공부의 심리학 – 성적에 영향을 주는 필요조건

| 목 표 | 학업량이 학업성취에 미치는 영향에 대해서 알아봅니다.

C2
5m

● **두 번째 : 노력**

여러분은 학교나 학원 숙제를 제외한 자기공부 시간이 하루에 얼마나 되나요?

> _____ 시간 _____ 분

아래의 그래프는 중상위권 청소년들의 하루 평균 자기공부 시간입니다. 나의 공부 시간도 그래프로 그려봅시다.

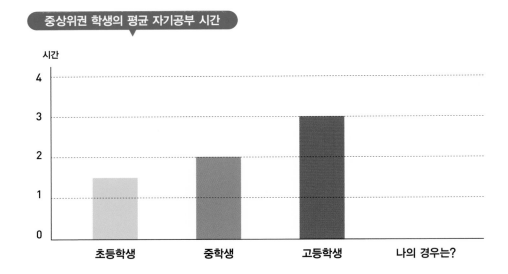

> 위의 조사결과와 비교할 때, 자신의 공부 시간은 어떠하다고 생각하나요?

> 자신의 경우는 어떠한가요?

충분하다 ☐　부족하다 ☐

| 유 의 점 | 아무리 좋은 지능과 학습전략을 가지고 있다고 하더라도 절대적인 공부시간이 부족하면 좋은 성취를 이룰 수 없습니다.
공부를 잘하는 학생들의 공통점은 자기공부 시간이 많다는 점을 강조하여 주십시오.

공부의 심리학 – 성적에 영향을 주는 충분조건

| **목표** | MLST 학습전략검사 결과를 통해 자신의 학습 문제를 점검해봅니다.

● **MLST 학습전략검사 결과 이해하기**

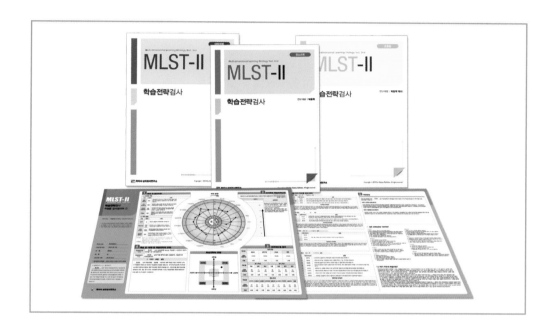

효과적인 학습이 일어나기 위해서는 다수의 전략적 행동이 요구됩니다.
MLST 학습전략검사는 학습과정에서 일어나는 습관적, 행동적, 전략적 효율성을 측정하는 것입니다.

이러한 요인들은 현재의 학업성취도에 직접적인 영향을 줄 수 있을 뿐만 아니라, 학년의 증가에 따라 지능 이상의 영향력을 발휘하며 자기주도적 학습능력의 근간을 이루기도 합니다.

또한 본인의 노력과 경험, 그리고 훈련에 의해 충분히 변화할 수 있는 부분이기 때문에 학습전략에서의 장점과 단점을 이해하는 것은 청소년의 학업 발달에 있어서 매우 실제적인 의미를 가지고 있습니다.

☝ 성격적 특성을 통해 알 수 있는 공부에 대한 자신감

📌 공부에 대한 자신감은 자신의 | 능 | 력 | 에 대해

얼마나 확신하고 있는지에 따라 달라집니다.

● 검사 결과 나의 성격적 특성 종합점수는 어디에 해당되나요?
아래 그래프에 ✓표시 해보세요.

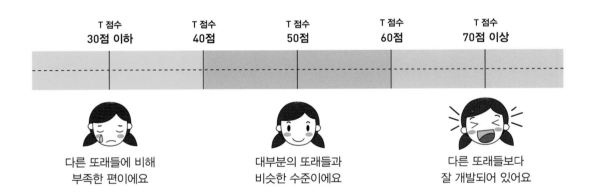

| T 점수 30점 이하 | T 점수 40점 | T 점수 50점 | T 점수 60점 | T 점수 70점 이상 |

다른 또래들에 비해
부족한 편이에요

대부분의 또래들과
비슷한 수준이에요

다른 또래들보다
잘 개발되어 있어요

● 자신감을 키우려면 어떻게 해야 할까요?

- 작은 목표를 정하고 실천해봄으로써 성공 경험을 쌓는다.
- 더 잘할 수 있는 방법을 찾고 배운다.
- '괜찮아, 노력하면 성공할 수 있어.'와 같이 긍정적으로 생각하는 연습을 한다.

C4
5m

정서적 특성을 통해 알 수 있는 마음상태

정서적 특성이란 공부에 방해되는 자신의 정서적 | 불 | 편 | 감 | 의 정도를 나타냅니다.

● **검사 결과 나의 정서적 특성 종합점수는 어디에 해당되나요?**
아래 그래프에 ✓ 표시 해보세요.

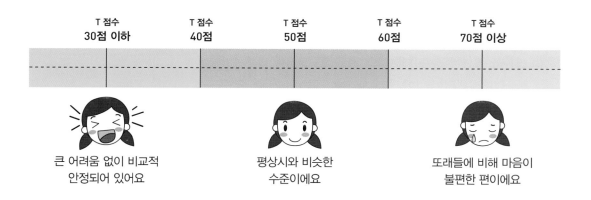

| T 점수 30점 이하 | T 점수 40점 | T 점수 50점 | T 점수 60점 | T 점수 70점 이상 |

큰 어려움 없이 비교적
안정되어 있어요

평상시와 비슷한
수준이에요

또래들에 비해 마음이
불편한 편이에요

● **안정된 마음을 유지하려면 어떻게 해야 할까요?**

- 스트레스를 찾아 적극적으로 해결한다.
- 가족, 친구들과 대화하는 시간을 늘려본다.
- 즐겁고, 마음을 편안하게 해주는 활동을 함으로써 스트레스를 해소한다.
- 혼자 해결하기 어려운 것은 부모님이나 선생님께 도움을 청한다.

✋ 동기적 특성을 통해 알 수 있는 나의 동기

동기란 공부하는 목 표 와 이 유 에 따라 달라집니다.

학습동기	배움 그 자체를 중요하게 여기고 학습에 대한 흥미와 호기심, 만족감을 느끼는 정도를 측정합니다.
경쟁동기	자신의 능력이나 성취를 다른 사람들에게 과시하고자 하는 욕구, 인정받고자 하는 욕구를 측정합니다.
회피동기	자신의 부족하거나 열등한 모습을 보이고 싶어 하지 않으려는 욕구를 측정합니다.

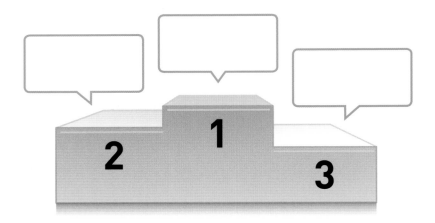

● **학습동기를 높이려면 어떻게 해야 할까요?**

- 스스로 뚜렷한 목표를 정해본다.
- 무엇을 공부할지 스스로 판단하고 계획한다.
- 공부에서 얻을 수 있는 즐겁고 유익한 것들에 대해 생각해본다.

✋ 행동적 특성을 통해 알 수 있는 나의 학습전략

> 학습전략이란 공부를 할 때 주로 어떤 전 략 과 습 관 을 가지고 있는지를 의미합니다.

● **검사 결과 나의 행동적 특성 종합점수는 어디에 해당되나요?**
아래 그래프에 ✓표시 해보세요.

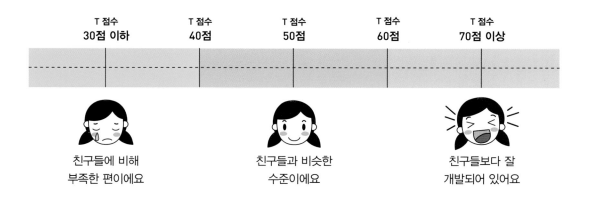

| T 점수
30점 이하 | T 점수
40점 | T 점수
50점 | T 점수
60점 | T 점수
70점 이상 |

친구들에 비해 부족한 편이에요 　　 친구들과 비슷한 수준이에요 　　 친구들보다 잘 개발되어 있어요

● **상대적으로 부족한 학습기술은 무엇인가요?**

앞으로의 변화를 위한 나의 다짐

| 목 표 | 지금까지 찾아본 나의 문제점 중에 꼭 고쳐보고 싶은 문제를 선택해, 문제가 해결된 후의 나의 모습을 상상해 적어봅니다.

● 앞에서 공부하는 데 있어서 어려움, 문제점에 대해 살펴보았습니다. 앞에서 찾아본 내용과 검사 결과를 통해 알게 된 문제점들을 어떻게 고치고 싶은지 적어봅시다.

문제점 하나!

▶ **가능한 답변 예시**
수업 태도가 불량하다.

이 문제점을 고친 미래의 나는 어떤 모습일까요?

▶ **가능한 답변 예시**
수업 시작 전 교과서와 노트를 편다. 수업 시간에는 바른 자세로 앉아서 선생님의 눈을 바라본다.

문제점 둘!

이 문제점을 고친 미래의 나는 어떤 모습일까요?

문제점 셋!

이 문제점을 고친 미래의 나는 어떤 모습일까요?

tip 거창한 모습이 아니어도 좋습니다. 지금부터 바로 실천해볼 수 있는 작은 행동들을 찾을 수 있도록 지도해주세요. 발표할 때 어떻게 하면 이 문제를 해결할 수 있을지에 대해서도 함께 물어보면 좋습니다.

마음의 힘을 키우는 행복한 공부

★ 이번 시간에는 공부에 대한 나의 생각과 어려움을 탐색해보고, 학업 성취에 영향을 주는 여러 요인들에 대해 배워보았습니다. 아래의 그림에서 성적에 영향을 주는 필요조건에 해당하는 요인과 충분조건에 해당하는 요인을 선으로 연결해보세요.

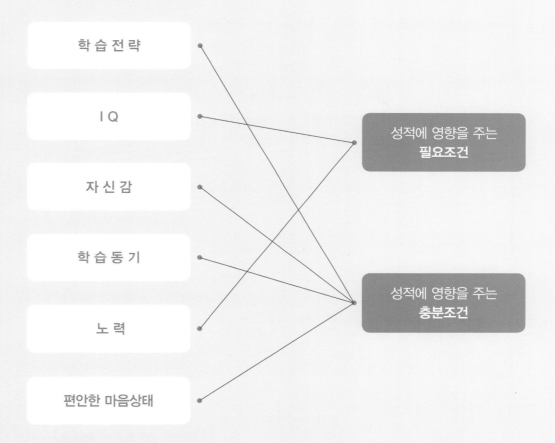

이번 시간에 다루었던 해결하고 싶은 나의 학습문제에 대한 해결책을 찾아보고, 실천해봅시다.

문제점 하나!	어떻게 하면 이 문제점을 해결할 수 있을까요?

문제점 둘!	어떻게 하면 이 문제점을 해결할 수 있을까요?

문제점 셋!	어떻게 하면 이 문제점을 해결할 수 있을까요?

나를 발견하기

진로탐색을 위한
자기이해 1

◎ **목 표** 올바른 진로탐색을 위해서는 다양한 요소들이 필요합니다. 그중에서 반드시 선행되어야 하는 것은 '자신'이 어떤 사람인가를 확인하는 것이며, 여기에는 자신의 ① 흥미 ② 적성 ③ 가치관이 포함됩니다. 이번 시간에는 진로탐색의 중요성에 대해 생각해보고, 진로 흥미에 대해 탐색해보도록 합니다.

"내가 여기서부터 어떻게 가야 하는지 알려줄 수 있니?"

"그것은 네가 어디로 가고 싶은지에 달려있어."
라고 고양이가 말했다.

"아, 어디로 가든 상관없어..."
앨리스가 말했다.

"그렇다면 네가 어떻게 가야 하는지도 마찬가지로 상관없어."
고양이가 말했다.

『이상한 나라의 앨리스』 중에서

★ 이번 시간에 배울 내용

• 진로란 무엇일까?   • 진로탐색을 위해 필요한 것은?

• 진로 선택은 왜 중요하지?   • 진로탐색을 위한 자기이해 첫 번째 – 나의 흥미는 무엇일까?

우리들의 진로 고민

| **목 표** | 진로에 대한 고민 글에 답을 찾는 과정에서 진로 선택 시 필요한 요소들이 무엇인지를 고민해보도록 합니다.
자신의 문제가 아닌 타인의 문제를 볼 때 학생들은 더 객관적이고 폭넓은 시각으로 사고할 수 있습니다.

A1
5m

● **다음의 이야기를 읽고 아래 질문에 답해봅시다.**

효민이는 미래에 의사가 되어 국경없는 의
사회의 일원으로 활동하며 북한이나 아프리
카와 같은 의료시설이 충분히 갖춰지지 않
은 곳에 가서 아픈 사람들을 치료하고 싶
다. 어려운 사람들을 위해 봉사하는 삶이
가치 있을 것 같기 때문이다.
하지만 효민이는 수학이나 물리, 화학과 같
은 과목들은 이름만 봐도 골치가 아프다.
시험기간에는 이 과목들부터 공부를 시작
하지만, 오히려 사회나 국어와 같이 덜 공부

한 과목 성적이 더 좋다. 의사가 되려면 수학과 과학을 잘해야 한다는데.. 이런 과목은 재미도 없
고 이해도 잘 안 된다. 요즘 들어서는 정말 내가 의사가 될 수 있을까? 의구심까지 든다. 또 부모님
께서는 요즘 경제도 어려운데 차라리 사회 과목의 적성을 살려서 사회 선생님같이 안정적인 직업
을 갖는 것이 좋다고 충고하셔서 갈등이 된다. 어떻게 하면 좋을까?

● **지금 이 친구에게 가장 필요한 것은 무엇일까요?**
나라면 이 친구에게 어떤 조언을 해주고 싶은지 적어보세요.

> ▶ **가능한 답변 예시**
> - 부모님의 의견보다는 내가 하고 싶은 일이 더 중요하다. 수학, 과학은 앞으로 노력해서 성적을 올릴 수 있다.
> - 내가 잘할 수 있는 일들 중에서 다른 사람들을 위해 봉사할 수 있는 일을 찾으면 어떨까?
>   예를 들면 사회복지나 사회사업가 같은 직업은 사회 과목 적성과 잘 맞을 것 같다.
> - 가치 있는 일을 하는 것도 좋지만 나의 적성과 맞지 않다면 힘들 것 같다. 적성에 맞는 다른 직업도 고려해보는 것은 어떨까?

| **유 의 점** | 정답은 없습니다. 가능한 한 다양한 의견을 제시할 수 있도록 격려해주세요.
학생들의 답변에서 진로 선택 시 무엇을 가장 중요하게 생각하는지를 알아볼 수 있습니다.

진로란 무엇일까?

| **목표** | 진로를 등산의 과정에 비유해봄으로써 진로 목표를 정하는 것은 단순히 직업을 결정하는 것이 아니라 일련의 과정이며, 고려해야 할 요소들이 있음을 인식시킵니다.

● 진로는 어떤 점에서 등산을 하는 것과 비슷합니다. 교재 뒤에 있는 그림과 단어 스티커를 사용해서 진로를 등산에 비유해봅시다.

〈활동 방법〉

1. 스티커에 있는 '단어'들과 의미가 통하는 '그림'을 찾는다.
2. 아래 산 그림의 적당한 위치에 그림스티커를 붙인다.
3. 그림스티커 옆에 단어스티커를 붙인다.

30

→ tip 개별 작업으로도 가능하지만 시간적 여유가 있다면 조별 작업으로 진행하는 것이 더욱 좋습니다. 조원들끼리 토론하는 과정에서 여러 의견과 아이디어가 공유되어 진로에 대한 시각이 넓어질 수 있습니다. 주어진 단어스티커에서 적절한 답을 찾을 수 없다면, 빈 스티커에 다른 아이디어를 적을 수 있도록 지도해주세요. 이 활동의 목적은 정답을 찾는 것이 아닙니다. 토론 과정에서 다양한 의견이 나올 수 있으므로, 학생들의 대답에 가능한 한 수용적으로 반응해주세요.

진로의 정의

| 목표 | 진로 개념에 대해 정확히 이해하도록 합니다. 진로를 결정하는 것은 단순히 가고 싶은 대학이나 직업을 정하는 것이 아니라 인생의 여정을 계획하는 것임을 인식할 수 있도록 설명해주세요.

C1
5m

● **내가 생각하는 진로란 어떤 의미인지 아래의 빈칸에 간략하게 적어보세요.**

> ▶ **가능한 답변 예시** : 꿈, 원하는 직업을 찾는 것, 나의 적성에 맞는 직업을 찾는 것...

진로(進路)란

좁은 의미로는 일 , 직 업 과 관련된 인생의 길을 의미하지만
넓은 의미로는 사람의 일생 동안 이루어지는 모든 활동과 나아갈 길을
의미합니다. 즉 교육, 훈련, 대인관계, 직업, 결혼, 가정생활 등
모든 것을 포함하는 삶의 전 과정이라고 할 수 있습니다.

tip 진로를 뜻하는 Career 는 '수레가 길을 따라 굴러간다'라는 의미의 라틴어 'carro'에서 유래했습니다.
수레가 지나가는 길을 따라 수레바퀴의 자국이 남듯이, 진로란 개인의 일생에서의 발자취, 즉, 일생을 통해 수행하는 역할의 전부를 통칭하는
의미입니다. 그런데 '직업'을 선택하는 것은 개인의 삶의 방향과 모습을 결정함에 있어서 핵심적인 역할을 하기 때문에 진로를 이야기할 때
주로 직업에 중점을 두게 되는 것입니다.

진로탐색의 중요성

| 목 표 | 나와 다른 사람들은 어떤 기준으로 진로를 선택하는지, 그리고 그 선택이 실제 직업 만족도와는 어떤 관련이 있는지를 알아봅니다

C2
15m

● **내가 생각하는 직업 선택 기준은?**

직업을 선택할 때 중요하게 생각하는 기준은 무엇인가요? 우선순위에 따라 3가지를 적어봅시다.

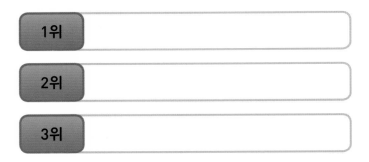

1위

2위

3위

다른 친구들은 어떤 것을 가장 중요한 기준으로 선택했나요? 친구들의 의견을 정리해서 순위를 매겨봅시다.

tip 각 조, 또는 반 전체에서 가장 많이 나온 의견이 무엇인지를 집계해봅니다.

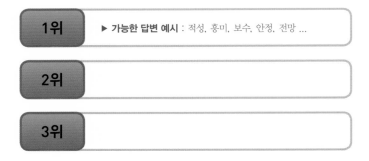

1위   ▶ **가능한 답변 예시** : 적성, 흥미, 보수, 안정, 전망 ...

2위

3위

| 유 의 점 | 어떤 것을 일순위로 정했는지를 질문할 때, 그렇게 생각한 이유도 반드시 함께 질문하도록 합니다.
또한 누구의 생각이 맞고 틀리는 것이 아니라, 사람마다 다양한 이유로, 다양한 기준을 가질 수 있음을 강조해주세요.

● **다른 사람들은 어떤 기준으로 진로를 선택할까?**

다음은 진로에 대한 조사결과입니다. 빈칸에 들어갈 답을 추측해서 적어보세요.

1. "사람들이 직업 선택 시 가장 중요하게 생각하는 기준은?" *출처 : 2012년 통계청

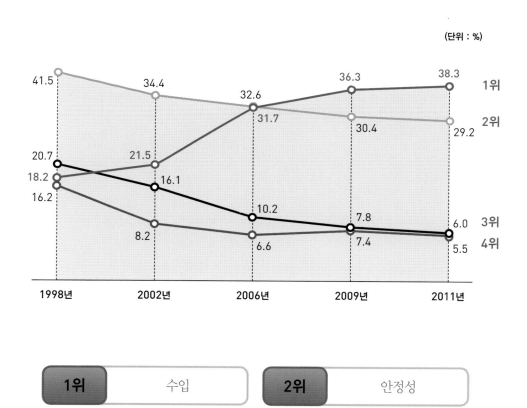

(단위 : %)

	1위	수입		2위	안정성
	3위	발전가능성		4위	자아성취

2. "직업에 대한 만족도가 가장 높은 직업과 낮은 직업은?" *출처 : 2012. 한국고용정보원

> 빈칸에 들어갈 직업을 아래의 보기 중에서 골라 맞혀보세요.

만족가 높은 직업		만족도가 낮은 직업	
1위	초등학교 교장	44위	의사
2위	성우	57위	변호사
3위	상담전문가	135위	가수
4위	신부	149위	약사
5위	작곡가	223위	외교관

------------------------------- 보기 -------------------------------

프로축구선수, 상담전문가, 작곡가, 변호사, 프로게이머, 가수, 신부,
약사, 국회의원, 영화배우

tip 프로축구선수 413위, 프로게이머 434위, 국회의원 77위, 영화배우 248위

> 앞에서 살펴본 연구 결과들이 시사하는 바는 무엇일까요?
  어떤 기준을 가지고 진로를 선택할 때 행복한 삶을 살 수 있을지 생각해봅시다.

> ▶ 가능한 답변 예시
> 수입이 높고, 안정적인 직업이라고 무조건 만족스러운 직업이 될 수는 없다.
> 다른 사람들이 좋다고 하는 직업이 아닌 나에게 맞는 직업을 선택하는 것이 중요하다.

진로탐색의 시작

| 목 표 | 진로탐색은 '자신에 대한 이해'에서 시작합니다. 이번 활동은 '자기'에 대한 가장 직관적인 이해를 시도해보는 부분입니다. 나에 대한 여러 가지 질문에 답을 하면서 스스로에 대해 얼마나 잘 이해하고 있었는지를 생각해보도록 합니다.

행복한 삶을 살기 위해서는 청소년기부터 진로에 대해 계획을 세우는 것이 중요합니다. 진로 계획을 세울 때 가장 중요한 일 가운데 하나는 자기 자신을 명확하게 이해하는 것입니다.

● **나에 대해서 간단하게 알아보기**

이제부터 '나'에 대한 간단한 작문을 해봅시다. 다음의 단어로 시작되는 문장을 완성해봅시다. 딱히 정답이 있는 것이 아니므로, 그저 생각나는 대로 문장을 채우면 됩니다.

❶ 내가 가장 좋아하는 일은 _____다.

❷ 내가 가장 싫어하는 일은 _____다.

❸ 내가 가장 하고 싶은 일은 _____다.

❹ 내가 잘하는 일은 _____다.

❺ 나는 앞으로 _____을(를) 잘할 수 있으리라 생각한다.

❻ 나에게 그 무엇보다 가장 소중한 것은 _____다.

❼ 우리 부모님은 내가 앞으로 _____바라신다.

❽ 내가 공부하고 싶으려면 _____다.

| 유 의 점 | 생각보다 시간이 걸리고 어려운 활동일 수 있습니다. 평소 나를 잘 알고 있다고 생각하지만 어떤 면에서는 나에 대해서 잘 생각해보지 않을 때가 더욱 많기 때문입니다. 자신의 길을 성공적으로 개척한 사람들이 가지고 있는 특징 중의 하나는 바로 '나 자신'을 잘 아는 것입니다. 내가 무엇을 좋아하는지, 내가 무엇을 잘하는지, 어떤 것을 할 때 기쁘고 즐거운지, 어떤 활동을 제일 싫어하고 피하고 싶은지에 대해서 많이 생각하고 아는 것이 중요함을 강조해주세요.

● **흥미가 무엇을 의미하는지 생각해본 뒤, 아래에 적어봅시다.**

흥미란?

재미있는 활동, 좋아하는 활동...

● 진로탐색을 위한 자기이해 1

흥미에 대한 이해

| **목표** | 흥미의 개념을 이해하고, 진로 탐색 및 결정에 있어 흥미의 중요성을 이해하게 합니다.

> 흥미란 한 사람이 어떤 활동이나 사물에 대해 특별한 관 심 을 갖고 몰 두 하게 하는 경향으로, 자신이 좋 아 하 는 것에 주의를 기울이고 이를 향해 나아가고자 하는 감 정 입니다.

> 흥미 있는 활동을 통해 즐 거 움 과 만 족 감 을 얻을 수 있지만, 이러한 감정들 자체가 흥미는 아닙니다. 게임이나 TV 보기, 잠자기처럼 아주 잠시 동안만 즐거움과 만족감을 주는 활동들은 흥미라고 보기 어렵습니다.

> 흥미가 능 력 을 의미하는 것은 아닙니다. 무언가에 재미를 느낀다면 잘할 수 있겠지만, 반드시 그런 것은 아닙니다. 예를 들어 노래 부르는 것을 좋아하는 사람이 노래를 잘하지 못할 수 있습니다. 하지만 흥미를 가지고 계속해서 연습해 나간다면 언젠가 잘하게 될 수도 있습니다.

나의 흥미 탐색하기

| 목 표 | 내가 좋아하고, 즐거워하는 활동들을 탐색하는 과정에서 자신에 대한 이해를 높이고, 진로 선택의 요소로 활용하도록 합니다.

C4
10m

생활하면서 즐거움을 느끼고 관심이 가는 것, 공부가 아니라도 자발적으로 열심히 몰입하는 활동들이 무엇인지 생각해봅시다.

· 내가 좋아하는 것(또는 활동)?
_____

· 내가 즐거움을 느끼는 것(또는 활동)?
_____

· 내가 열심히 하는 것(또는 활동)?
_____

· 내가 관심 있는 것(또는 활동)?
_____

● 통통 튀는 나의 흥미

생활하면서 즐거움을 느끼고 관심이 있는 일이나 활동들을 자유롭게 적어보세요.

tip TV 보기, 게임하기와 같은 피상적이고 수동적인 활동을 적는 것에 그치는 경우가 많습니다.
이때, 다른 사람들이 흥미 있게 여기는 활동의 예시나 흥미분류표를 함께 제공하면 더욱 원활하게 진행할 수 있습니다.
만일 흥미 있는 활동을 찾기 어려워한다면 41쪽의 흥미분류표를 참고하도록 지도해주세요.

| 목표 | 나의 흥미 중 일시적이고, 즉흥적인 흥미와 지속적인 흥미를 분류해보도록 합니다. 지속적인 흥미는 현재의 삶에 활력을 주는 것뿐만 아니라 진로와 연결시킬 수 있는 가능성도 많기 때문에, 지속적인 흥미의 목록을 늘려나가는 것이 중요함을 강조하도록 합니다.

● 내 흥미의 무게는?

자신이 적은 흥미를 살펴보고, 아래에 제시된 기준으로 자신의 흥미의 무게가 어느 정도일지 생각해봅시다.

먼저 저울판에 자신의 흥미를 적은 다음, 각 흥미에 해당하는 무게를 매겨보세요. 최소 1kg에서 최대 10kg으로 무게를 매길 수 있고, 기준은 아래를 참고하세요.

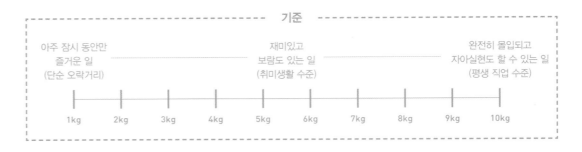

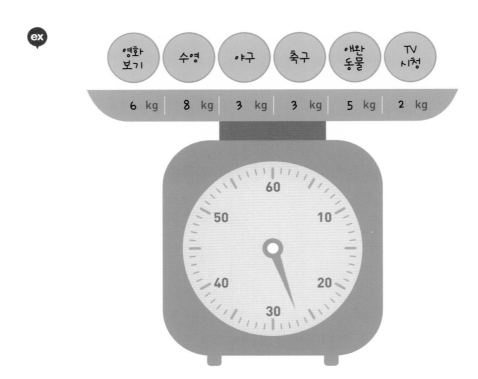

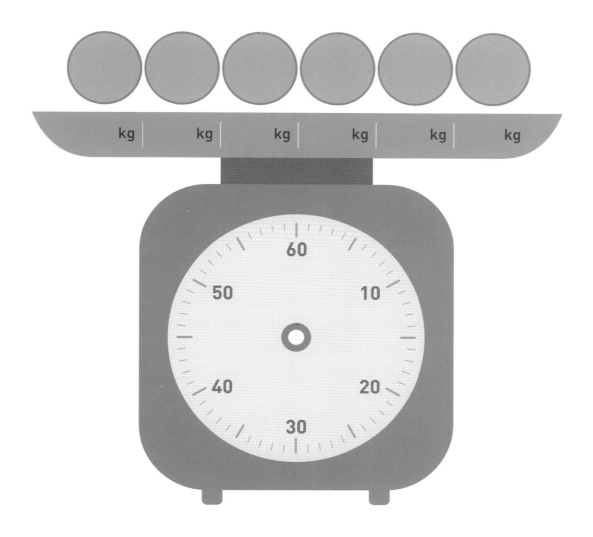

> 자신의 흥미의 무게가 총 몇 kg인지 계산해봅시다. 그리고 저울에 총 몇 kg인지
> 표시해봅시다.

_____ kg

> 우리 조의 평균 무게는 얼마인가요? 그리고 우리 조에서 최고 무게와 최저 무게는 얼마인가요?

> 흥미에 따라서 몇 kg이라고 적었는지, 그렇게 적은 이유가 무엇인지 조별로 함께 이야기를 해보세요.

> 주로 어떤 흥미가 많았나요? 인터넷 게임이나 TV 시청같이 즉흥적으로 즐기는 활동들이 주로 있나요? 혹은 오래 지속할 수 있는 활동들이 주로 있나요? 아래에 활동을 적어봅시다.

즉흥적인 흥미 (3kg 이하)	지속적 흥미 (7kg 이상)

나의 흥미 명확히 하기

| 목표 | 흥미분류표를 이용해 자신의 흥미를 명확히 이해하도록 합니다.

T2
10m

● 흥미의 분류

아래 표에 나와 있는 분류를 보고, 앞서 살펴본 나의 흥미 6개는 어떤 영역에 속하는 지 표시해봅시다. *해당되는 영역의 체크난에 / 표 하세요.

〈흥미분류표〉

분야	활동 종류	체크
돌보기 활동	어린아이 돌보기, 노인 방문하기, 다른 친구들에게 모르는 문제 가르쳐주기, 방문객 안내하기, 봉사하거나 자원 활동하기, 간호하기	
대인관계 활동	자선 단체 조직하기, 토론하기, 논쟁하기, 청소년 단체 참여하기, 학교 동아리 활동 참여하기, 게임 고안하기, 다른 사람 이야기 들어주기, 다른 사람 설득하기	
언어 활동	문학 서적 읽기, 철학 서적 읽기, 역사 서적 읽기, 단어의 어원 찾기, 출판물 편집하기, 기사 작성하기, 영어로 외국인과 대화하기, 외국어 배우기	
과학 활동	화학 공부하기, 물리 공부하기, 생물 공부하기, 천체와 별 관찰하기, 동식물 관찰하기, 환경 변화 탐구하기, 과학 관련 책 읽기	
계산/정리 활동	용돈 사용 계획 작성하기, 가계부 정리하기, 돈 관리하기, 다이어리 정리 하기, 주변환경 청소하기, 신문의 경제면 읽기	
가구 제작/ 수리 활동	모형 비행기 만들기, 프라모델 만들기, 시계나 자전거 등 수리하기, 전기 기구 설치 및 수리하기, 가구 제작하기, 조립하기, 장난감 고치기, 목재 공작하기	
실습 활동	십자수, 뜨개질, 가구칠하기나 닦기, 옷 수선 및 재단하기, 조리하기, 주변 장식하기, 식물 재배하기, 정원 가꾸기	
예술 활동	음악 연주하기, 시 쓰기, 도자기 만들기, 춤추기, 그림 그리기, 사진 찍기, 악기 연주, 예쁜 글씨 쓰기, 귀여운 캐릭터 그리기	
신체 활동	축구, 야구, 수영, 등산, 자전거, 단체 게임	

*출처 : 2011. 경기도 교육청

● **내 흥미는 어디에 속하나?**

주로 어디에 속하는 흥미가 많았나요? 자신이 좋아하는 활동이 많은 분야가 자신이
즐거움을 느끼면서 할 수 있는 일이 될 수 있습니다.

> 가장 많은 흥미 활동이 속한 분야   1. _____

2. _____

3. _____

진로탐색을 위한 자기이해 1

★ 진 로 란 좁은 의미로는 일, 직업과 관련된 인생의 길을 의미하지만
넓은 의미로는 사람의 일생 동안 이루어지는 모든 활동과 나아갈 길을 의미합니다.

★ 진로 목표를 결정할 때 가장 우선 되어야 하는 것은 나 에 대한 이해입니다.

★ 흥 미 란 한 사람이 어떤 활동이나 사물에 대해 특별한 관심을 갖고 열중하게 하는
경향으로, 자신이 좋아하는 것에 주의를 기울이고 이를 향해 나아가고자 하는 감정입니다.

나의 흥미를 개발해서 해볼 수 있는 직업들을 찾아오세요.

나의 흥미	관련 직업	그렇게 생각한 이유

나를 완성하는 퍼즐조각

진로탐색을 위한
자기이해 2

◎ 목 표　　올바른 진로탐색을 위해서는 다양한 요소들이 필요합니다. 그중에서 반드시 선행되어야 하는 것은 '자신'이 어떤 사람인가를 확인하는 것이며, 여기에는 자신의 ① 흥미 ② 적성 ③ 가치관이 포함됩니다. 이번 시간에는 적성과 가치관에 대해 탐색해보도록 합니다.

"꿈노트를 만들어보세요"

나는 자칭 '꿈노트'라고 부르는 공책을 갖고 있다.

그냥 보통 공책인데, 거기에다 내 희망과 꿈과 나를 고무하는 말과 생각들을 기록한다.

가끔 한적한 시간에 꿈노트를 뒤적거리며 3년, 4년, 5년 전에 써놓은 것들을 들여다본다.

어떤 것들은 당시엔 불가능한 듯 여겨졌지만 요즘은 오히려 시시할 정도다.

왜냐하면 나는 계속 꿈을 이루며 전진하고 있기 때문이다.

매튜 캘리의 『위대한 나』 중에서

─ 이 세상의 모든 놀라운 발견, 발명, 업적들은 모두 누군가의 작은 꿈에서 시작되었음이 분명합니다. 꿈노트는 '내가 원하는 나의 모습', '내가 바라는 미래'를 설계하는 밑그림입니다. 설계도면 없는 건물을 상상할 수 없듯, 인생도 밑그림이 중요합니다. 꿈노트는 미래의 문을 여는 열쇠입니다.

★ 이번 시간에 배울 내용

- 진로탐색을 위한 자기이해 두 번째 ─ 나의 적성은 무엇일까?
- 진로탐색을 위한 자기이해 세 번째 ─ 나의 가치관은 무엇일까?

적성의 의미와 중요성

| **목 표** | 적성의 개념을 이해하고, 진로 탐색 및 결정에 있어 적성의 중요성을 인식시킵니다.

A1
5m

적성이란 어떤 일을 하는 데 필요한 능 력 이나 강 점 을 말합니다. 이것은 태어나면서부터 가지고 있는 기질이나 성격적인 측면으로부터 영향을 받을 뿐 아니라 자라오면서 받은 환경적인 영향, 경험 등을 통해 생기는 것입니다. 적성은 능력적인 부분을 반영하기 때문에 흔히 자신의 강점으로 볼 수 있습니다.

● **적성과 흥미는 어떤 점에서 다를까요?**

> ▶ **가능한 답변 예시**
> - 적성은 내가 잘할 수 있는 일, 흥미는 내가 좋아하는 일
> - 적성은 타고난 재능, 흥미는 경험을 통해 생기는 것

| **유 의 점** | 흥미는 누적된 성공적인 경험뿐만 아니라 일시적인 경험을 통해서도 가질 수 있으나, 적성은 오랜 기간을 통해 형성되는 능력으로 과거의 경험을 기초로 발생하는 흥미보다는 넓은 개념으로 볼 수 있습니다. 대개의 경우 흥미와 적성이 일치하는 경우가 많지만, 흥미와 적성이 일치하지 않는다고 해서 흥미와 적성이 무관하다는 의미는 아닙니다. 다양한 경험을 통해 흥미를 유발하고 이로 인해 자신의 적성을 발견하는 측면도 있을 수 있습니다. 오히려 성인기에 접어들면 흥미와 적성은 서로 보완적인 관계에서 형성되고 개발되는 측면이 강합니다.

적성도 키울 수 있을까?

| 목표 | 적성도 개발 가능한 것임을 인식하고, 나에게 잠재되어 있는 능력은 어떤 것이 있을지에 대해 생각해보도록 한다.

적성은 타고난 능력이나 소질이지만 학습경험이나 훈련을 통해서도 ⟨개⟩⟨발⟩ 될 수 있습니다. 즉, 적성은 특정한 활동에 대한 능력 이외에도 그 능력을 나타낼 수 있는 ⟨잠⟩⟨재⟩⟨력⟩의 개념도 포함합니다.

모차르트

베토벤

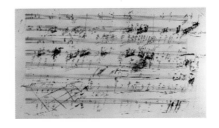

> 위의 사진은 위대한 작곡가 모차르트와 베토벤의 친필 악보 초안입니다. 베토벤의 악보는 수정한 흔적이 많고, 너무 열심히 고쳐서 일부는 종이에 구멍이 뚫리기까지 한 반면, 모차르트의 악보는 초안이라 믿기 힘들 정도로 수정한 흔적이 없이 깨끗합니다. 두 사람의 공통점과 차이점은 무엇일까요? 또 이러한 차이는 진로 선택에 있어서 어떤 의미를 전해줄까요?

▶ 가능한 답변 예시
두 사람 모두 위대한 작곡가이지만, 모차르트는 타고난 재능이 뛰어난 경우이고 베토벤은 끊임없이 노력한 경우

48

| 유의점 | 흔히 사람들은 모차르트를 '타고난 천재'로, 베토벤은 '끊임없는 노력으로 청력의 손상도 이겨낸 인물'로 기억합니다. 분명한 것은 두 작곡가 모두 자신의 재능을 살려 위대한 업적을 이뤄냈다는 것이죠. 일반적으로 적성은 타고난 능력이나 소질이라고 알려진 바와 같이 유전적인 성향이 강합니다. 그러나 학습경험이나 훈련으로 개발될 수도 있으므로 다양한 학습경험을 해보는 것이 좋습니다.

나의 강점은?

| 목 표 | 내가 잘할 수 있는 활동들을 탐색하는 과정에서 자신에 대한 이해를 높이고, 진로 선택의 요소로 활용하도록 합니다.

tip 대부분의 청소년들은 아직 뚜렷한 적성이 개발되어 있지 않습니다. 따라서 내가 잘할 수 있고, 앞으로 더 개발해볼 만한 '강점'이라는 용어를 사용하도록 합니다.

많은 학생들이 '나는 특별히 잘하는 것이 없어.'라고 생각하며 강점 찾기를 어려워합니다. 하지만 잘하는 것이 없는 사람은 없습니다. 그동안 내가 어떤 일에 재능을 갖고 있는지 관심 있게 찾아보지 않았을 뿐입니다. 다음의 질문에 대답해보며 나의 강점을 찾아봅시다.

● **지금까지 해봤던 일들 중에서 잘했던 일이나 잘할 수 있다고 생각했던 일, 재능이 있다고 생각되는 활동은 무엇인가요?**

ex 그림 그리기, 요리하기, 운동하기, 청소하기, 기계 조립하기 등

-
-
-

| 유 의 점 | 어렸을 때부터 지금껏 해왔던 일들을 떠올리게 하고, '스스로 별로 힘들이지 않고 수월하게 할 수 있었던 일'을 적어보도록 유도하세요. 많은 학생들이 어려워하는 작업이므로, 사소한 활동이라도 찾아볼 수 있도록 충분히 격려해주는 것이 필요합니다.

● **나를 잘 알고 있는 사람들(부모, 형제, 친구, 친척, 선생님 등)이 나에게 잘한다고 이야기하고 칭찬해주는 것은 무엇인가요?**

-
-
-

| 유 의 점 | 주변 어른이나 친구들의 칭찬은 자신의 유능감을 확인하도록 하는 데 매우 중요한 역할을 합니다. 따라서 한 번이라도 칭찬을 들었던 적이 있는 일을 적어보도록 합니다.

강점 발견하기

tip 시간적 여유가 있고, 집단 구성원들끼리 친분이 있는 경우라면 친구의 강점이라고 생각되는 것에 스티커를 붙여주는 식으로 활동을 해보세요. 자신이 몰랐던 강점을 발견하는 데 도움이 됩니다.

T2
15m

● 아래 표에는 여러 가지 강점들이 나열되어 있습니다. 자신에게 해당되는 강점을 찾아서 ☆표 해보세요.

| ☆☆☆ 나의 최고 강점 | ☆☆ 분명 나의 강점이야! | ☆ 소질이 있는 것 같아~ |

내용	별점
· 손재주가 있다	
· 호기심이 강하다	
· 창의적이다	
· 친절하다	
· 리더십이 있다	
· 꼼꼼하다	
· 체력이 좋다	
· 똑똑하다	
· 봉사정신이 강하다	
· 열정적이다	
· 계획적이다	
· 운동을 잘한다	
· 논리적이다	
· 포용력이 뛰어나다	
· 말을 잘한다	
· 조심성이 있다	
· 솔직하다	

내용	별점
· 분석을 잘한다	
· 패션감각이 뛰어나다	
· 이해심이 많다	
· 활기차다	
· 질서를 잘 지킨다	
· 기계를 잘 다룬다	
· 냉정하게 평가한다	
· 자유롭다	
· 잘 가르쳐준다	
· 설득을 잘한다	
· 정리정돈을 잘한다	
· 표정이 밝다	
· 예의가 바르다	
· 사교성이 좋다	
· 긍정적이다	
· 친근하다	
· 배짱이 있다	

● 내 강점의 공통점을 찾아 정리해봅시다.

> ▶ 가능한 답변 예시
> 다른 사람들과의 관계에서 필요한 것들, 만드는 것과 관련된 일들...

적성을 찾는 마음의 눈

| **목표** | 나의 재능과 강점, 적성을 발견할 수 있는 긍정적인 시각을 키울 수 있도록 합니다.
동일한 사람이라도 어떤 시각으로 바라보느냐, 얼마나 노력하느냐에 따라 다르게 평가될 수 있음을 인식시킵니다.

● **다음은 누구의 이야기일까요? 조별 토론을 통해 각각의 주인공을 찾아주세요.**

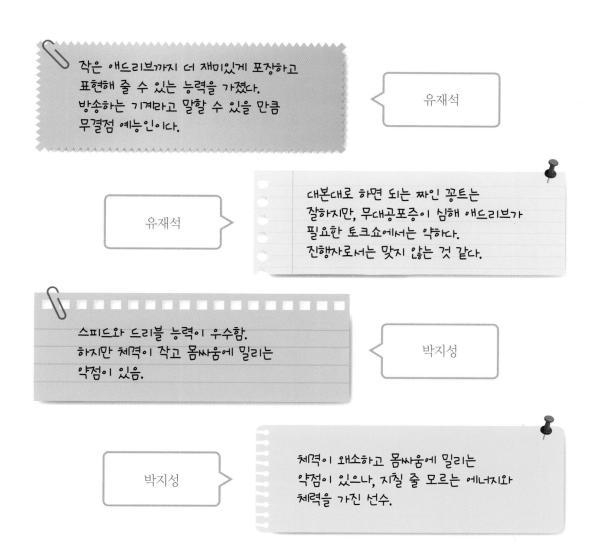

여러분도 혹시 부정적인 눈으로 스스로를 보고 있지 않나요?
나의 재능과 적성은 긍정적인 눈으로 찾을 때 발견할 수 있습니다.

앞에서 살펴본 것처럼, 강점을 발견하고 개발하기 위해서는 나를 바라보는 긍정적인 눈과 끊임없는 노력이 필요합니다. 이번 시간에 찾은 나의 강점을 개발, 활용한다면 미래의 나는 어떤 모습일까요?

가치관의 중요성

| **목 표** | 가치관이 개인의 진로 선택과 만족감에 미치는 영향을 이해할 수 있습니다.

A2
10m

우리는 살아가면서 선택을 해야 하는 무수한 상황에 맞닥뜨리게 됩니다. 이때 선택의 기준이 되는 것 중 하나가 가치관인데요, 가치관은 자신이 삶에서 중요하다고 믿고 의미 있다고 생각하는 것을 말합니다. 가치관은 알게 모르게 일상생활의 모든 결정과 선택에 있어서 중요한 근거로 작용합니다.

● **우리 삶 속에서 가치관은 어떻게 작용할까요?**

예문

구제역 수의사의 절망

구제역 방역이 장기화하면서 가축의 살처분을 도맡아 하는 방역 공무원들이 육체적·정신적으로 고통스런 시간을 보내고 있다. 경기도 제2축산위생연구소 가축방역팀의 백＊＊(37·수의사)씨는, 지난달 16일 파주지역에 투입된 뒤 22일째 여관에서 지내면서 아침부터 밤늦은 시간까지 구제역과 싸우고 있다. 초기에는 거의 매일 새벽 4~5시까지 밤샘작업을 했다고 한다. 백씨 등 경기도 제2축산위생연구소 가축방역관 30여 명은 가축의 상태를 판단하고 소독에서 살처분·매몰까지 모든 과정을 지휘하는 경기 북부지역 구제역 현장 사령관들이다. 행정 공무원과 군인, 경찰, 소방대, 민간인 등 지원 인력에 대한 교육과, 예방 살처분에 반발하는 농민을 설득하고 매몰지를 선정하는 일이 모두 이들의 몫이다.

8살 아이를 둔 백씨는 "무엇보다 가장 견디기 힘든 것은 젖먹이 송아지나 새끼 돼지를 살처분할 때"라며 "이럴 때면 직업에 대한 회의감이 몰려오고, 악몽에 시달리곤 한다"고 말했다. 지난해 1월 경기도 연천에서 발생한 구제역 살처분에 동원된 뒤엔 외상후 스트레스와 우울증을 겪었다고 했다. 당시 살처분 한우농장이 우연히도 지지난해 브루셀라 감염 때문에 자신의 손으로 살처분했던 농가여서 후유증이 더 컸다고 말했다. 두 번씩이나 같은 집 가축을 없앴다는 죄책감 때문에 사흘간 농가에 머물며 울면서 사죄했지만, 현장을 떠난 뒤에도 한참 동안 소·돼지 울음소리가 환청처럼 들리고 소·돼지에 쫓기는 악몽에 시달렸다고 했다.

이날 한나라당 구제역대책특위 간사인 김영우 의원이 내놓은 자료를 보면, 최근 살처분 참여 공무원 211명을 설문조사한 결과 71.1%가 정신적 스트레스, 악몽 등에 따른 수면장애를 겪는다고 했다.

백씨는 "생명을 살려야 할 수의사가 생명을 없 애는 일도 해야 하니 가슴이 아프다"면서도 "구제역 차단을 위해선 살처분은 불가피하다" 고 말했다. 그는 "축산농가들도 방역에 힘쓰는 등 자신의 재산을 지키는 노력을 해달라"고 당부했다.

[2011. 1. 7 한겨레신문]

> 이 사람들이 겪는 어려움의 이유는 무엇일까요?

▶ 가능한 답변 예시

수의사들이라면 동물을 사랑하고, 동물을 살리는 일을 중요하고 가치 있게 여길 텐데
실제로 하고 있는 일은 그와 반대되는 일이기 때문에 가치관과 충돌됨

> 위와 같은 상황이 아니더라도, 만약 나의 가치관과 어긋나는 직업을 선택하게 된다면 어떤 결과가 나타날까요?

▶ 가능한 답변 예시

- 자신이 옳지 않다고 여기는 일을 하게 되어 고통스러울 수 있다.
- 삶에서의 만족감이 저하될 수 있다.

직업 가치관의 종류 이해하기

| 목표 | 자신의 직업적 가치관을 명확히 인식하도록 합니다. 가치관은 가치에 대한 관점, 인간이 자기를 포함한 세계나
그 속의 사상(事象)에 대하여 가지는 평가의 근본적인 태도로, 아래의 항목에 체크해보면
학생들이 중요하게 여기는 것을 확인해볼 수 있습니다.

● 다음 설명을 읽고 평소 자신의 가치에 가장 잘 부합하는 것 3가지를 골라 체크해보세요.

가치관	설명	체크
성취	스스로 달성하기 어려운 목표를 세우고 이를 달성하여 성취감을 맛보는 것을 중시하는 가치	
봉사	자신의 이익보다는 사회의 이익을 고려하며, 어려운 사람을 돕고, 남을 위해 봉사하는 것을 중시하는 가치	
개별 활동	여러 사람과 어울려 일하기보다 자신만의 시간과 공간을 가지고 혼자 일하는 것을 중시하는 가치	
직업 안정	해고나 조기퇴직의 걱정 없이 오랫동안 안정적으로 일하며 안정적인 수입을 중시하는 가치	
변화 지향	일이 반복적이거나 정형화되어 있지 않으며 다양하고 새로운 것을 경험할 수 있는지를 중시하는 가치	
몸과 마음의 여유	건강을 유지할 수 있으며 스트레스를 적게 받고 마음과 몸의 여유를 가질 수 있는 업무나 직업을 중시하는 가치	
영향력 발휘	타인에게 영향력을 행사하고 일을 자신의 뜻대로 진행할 수 있는지를 중시하는 가치	
지식 추구	일에서 새로운 지식과 기술을 얻을 수 있고 새로운 지식을 발견할 수 있는지를 중시하는 가치	
애국	국가의 장래나 발전을 위하여 기여하는 것을 중시하는 가치	
자율성	다른 사람들에게 지시나 통제를 받지 않고 자율적으로 업무를 해나가는 것을 중시하는 가치	
금전적 보상	생활하는 데 경제적인 어려움이 없고 돈을 많이 벌 수 있는지를 중시하는 가치	
인정	자신의 일이 다른 사람들로부터 인정받고 존경받을 수 있는지를 중시하는 가치	
실내 활동	주로 사무실에서 일할 수 있으며 신체활동을 적게 요구하는 업무나 직업을 중시하는 가치	

*출처 : 한국고용정보원 유스워크넷

가치관 세잎 클로버

● 여러분이 중요하게 생각하는 가치관 BEST 3는 무엇인가요? 선택한 가치관이 자신에게 중요한 이유는 무엇인가요?

가치관 월드컵

|목 표|　다른 사람들과의 토론을 통해서 자신이 중요하지 않다고 여겼던 가치관들에 대해서도 폭넓게 생각해보도록 합니다.

● **직업을 선택할 때 우리들이 가장 중요하게 생각하는 가치관은 무엇인지 조원들과 토론해봅시다.**

앞에서 살펴본 13가지 가치관들을 토너먼트 식으로 선별하여(예 13가지 → 8가지 → 4가지 → 2가지 → 1가지), 조에서 가장 중요시한 가치관이 무엇이며 그 가치관을 최종 선택한 이유를 정리하여 발표해봅시다.

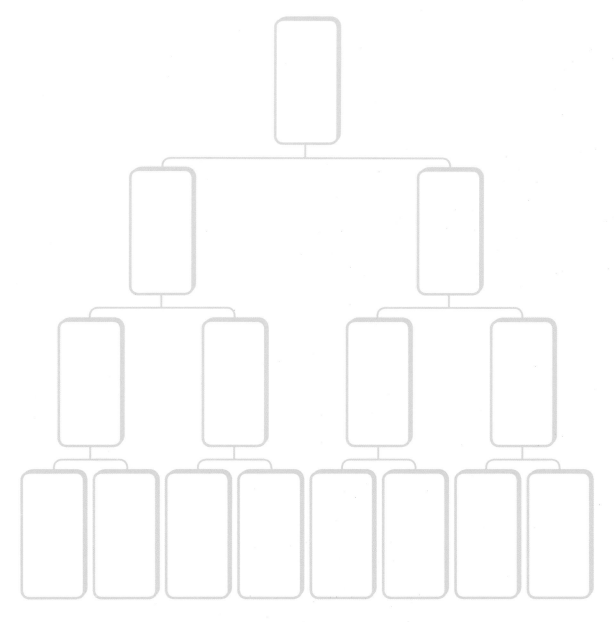

> 나에게 별로 중요하지 않지만 다른 사람들에게는 중요했던 가치가 있었나요?

> 가치관에 있어 다른 사람들과 나는 어떤 점이 다른가요?

> 조별 토론을 통해 중요하게 여기는 가치가 새로 생겼다면 어떤 것이고, 그 이유는 무엇인가요?

tip 가치관은 개인의 신념으로, 옳고 그른 것은 없습니다. 토론 과정에서 자신의 주장만을 내세우기보다는 상대방의 의견을 신중하게 들어보고, 내가 그동안 생각해보지 못했던 것, 새롭게 깨닫게 된 것은 없는지를 찾는 데 집중하도록 지도해주세요.

진로탐색을 위한 자기이해 2

★ 적성이란 어떤 일을 하는 데 필요한 능 력 이나 강 점 을 말합니다.

★ 적성은 타고난 능력이나 소질이지만 학습경험이나 훈련을 통해서도 개 발 될 수 있습니다.

★ 이번 시간을 통해 발견한 나의 적성은?

★ 가치관은 자신이 삶에서 중 요 하다고 믿고 가 치 있다고 생각하는 것을 말합니다.

★ 이번 시간을 통해 알게 된 나의 가치관은?

• 나의 적성을 개발해서 해볼 수 있는 직업들을 찾아오세요.

나의 적성	관련 직업	그렇게 생각한 이유

• 나의 가치관과 관련 있는 직업들을 찾아오세요.

나의 가치관	관련 직업	그렇게 생각한 이유

• 'Holland 진로탐색검사'를 온라인으로 실시하고, 그 결과표를 출력해오세요.
* 아래에 소개하는 검사들을 실시해도 무방합니다.

· 청소년 직업흥미검사 _ 고용노동부(워크넷)

· Strong 진로탐색검사 _ 한국심리검사연구소

· KCT 진로지향성검사 _ 행동과학연구소

4

나의 미래 목표를 찾는 여행

진로 유형의 탐색과
진로 계획 세우기

◎ **목 표**　　　진로선택은 개인의 일생에 있어서 매우 큰 영향을 미칩니다. 어떤 선택을 하는가에 따라 삶에서의 만족과 행복을 느끼며 사회적으로도 중요한 역할을 할 수 있지만, 잘못된 선택을 할 경우 개인의 삶을 불행하게 만들 수도 있습니다. 앞의 두 시간 동안 학생들은 자신에게 적합한 진로를 찾기 위해서 진로를 선택할 때 고려해야 할 요인들이 무엇인가를 생각해보았습니다. 이번 시간에는 진로검사를 활용하여 자신의 진로 유형을 살펴보고, 지금까지 탐색해본 자신의 특성들을 종합하여 합리적인 의사결정 과정에 따라 체계적으로 진로 의사결정을 내리는 연습을 할 것입니다. 또한 진로 포트폴리오 만들기를 통하여 보다 구체적인 진로 계획을 세울 수 있는 능력을 키우도록 합니다.

민수는 정의감이 넘치고 말도 조리 있게 잘하는 중학교 2학년 학생입니다. 학교에서 몸이 약한 친구들이 괴롭힘을 받을 때면 언제나 나서서 보호해 주곤 하여, 민수는 친구들에게 인기가 많은 편입니다. 부모님도 민수의 이런 점을 잘 알고 계셔서 민수에게 '변호사'나 '검사' 같은 직업을 가지면 좋겠다고 늘 말씀하십니다. 실제로 민수의 외삼촌이 변호사이신데, 가끔씩 만나는 외삼촌에게서 듣는 법정 이야기는 언제나 흥미진진합니다.

그렇지만 민수는 한 가지 고민이 있습니다. 앞에 나서서 다른 사람들을 도와주고 변호해주는 것도 좋아하는 일이기는 하지만, 사실 민수는 자기 방에서 혼자 뭔가를 조립하고 만드는 일을 할 때 가장 행복합니다. 이런 취미를 발전시켜서 나중에 자동차나 비행기를 만드는 사람이 되고 싶은 바람도 있습니다.

민수는 이 두 가지 일 중에서 어떤 일이 자신에게 더 잘 맞을지, 혹은 더 잘할 수 있는 다른 일이 있는지 너무너무 궁금합니다. 이런 민수에게 어떤 도움을 줄 수 있을까요?

─ 이런 경우, 전문적인 직업 검사를 통해 자신의 흥미나 적성을 파악해보는 것이 민수에게 도움이 될 수 있습니다. 이번 시간에는 전 세계적으로 가장 널리 사용되는 직업 검사인 Holland 검사와 그 결과를 통해 자신을 이해하는 방법을 배우고, 나의 여러 가지 특성들과 검사결과를 바탕으로 진로 의사결정 하는 법, 나의 진로 목표를 구체화하는 방법에 대해 살펴보겠습니다.

★ 이번 시간에 배울 내용

• 진로탐색검사는 어떻게 활용할 수 있을까?   • 진로 포트폴리오는 어떻게 만들지?

• 합리적인 진로 의사결정 방법은?

진로 유형의 탐색과 진로 계획 세우기

진로탐색과 심리검사의 활용

| **목 표** | 사람마다 성격이 다르듯이, 직업적인 성격 역시 다양하다는 점을 이해하는 것이 중요합니다. 먼저 육각 모형의 그림을 보여주면서 Holland 6각 모형에 대해 개괄적인 설명을 해줍니다. 그런 다음 각 유형의 구체적인 내용에 대해 살펴보도록 합니다.

A1
3m

● **진로 탐색의 과정에서 심리검사가 필요한 이유는?**

▶ **가능한 답변 예시**
키를 재려면 자가, 몸무게를 재려면 저울이 필요하듯이 심리적 상태를 알아보려면 객관적인 도구가 필요하다.

> 진로 탐색의 과정이라는 것은, 진로 문제를 구체화하고 개인의 특성과 흥미에 대해 정확히 이해하며, 이를 바탕으로 올바른 방향을 정하고 의사결정을 내리는 작업 등이 포함되는 복잡한 활동입니다.

이를 위해서는 심리검사를 활용하는 것이 필요합니다.
심리검사를 통해 보다 체계적으로 진로 탐색을 할 수 있을 뿐만 아니라
좀 더 과학적으로 접근하는 것도 가능해집니다.

Holland 진로 탐색 검사 결과 이해하기

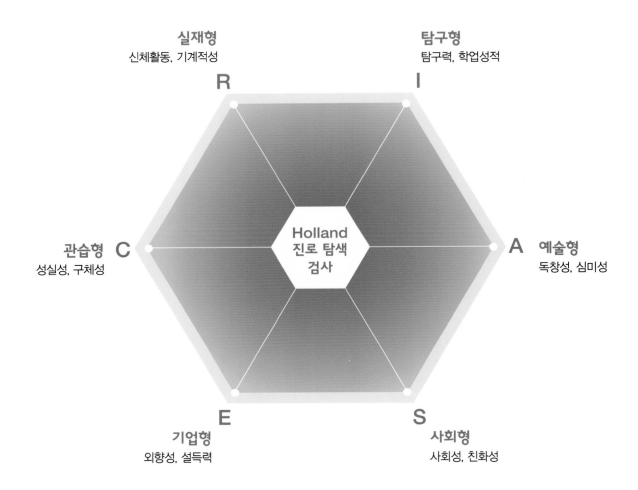

실재형
신체활동, 기계적성
R

탐구형
탐구력, 학업성적
I

관습형
성실성, 구체성
C

Holland
진로 탐색
검사

예술형
독창성, 심미성
A

기업형
외향성, 설득력
E

사회형
사회성, 친화성
S

실재형 Realistic Type

사물을 잘 다루고, 기계적 능력은 뛰어난 반면 사회적 기술은 부족하다.

- 실재형을 잘 설명하는 단어들
  남성적, 솔직하고 성실한, 말이 적은, 소박한, 구체적인, 실리적인, 냉정한, 비사교적인, 직선적인, 단순한, 순수한

- 실재형의 대표적 직업은?

  엔지니어, 직업군인, 운동선수, 목축업자, 건축업자, 항공기 조종사, 통신 기술자 등

 탐구형 Investigative Type

깊이 생각하는 것을 좋아하고, 수학적/과학적 능력은 우수하지만 리더십은 부족하다.

- 탐구형을 잘 설명하는 단어들
  논리적이고 분석적인, 합리적인, 지적 호기심이 많은, 정확한, 학구적인, 비판적인, 내성적인, 조심하는, 지적인

- 탐구형의 대표적 직업은?

  수학자, 물리학자, 대학교수, 의사, 심리학자, 인문/사회과학 계열 종사자 등

 사회형 Social Type

다른 사람들을 돕기 좋아하며, 사회적인 기술과 재능은 있지만 기계적/과학적 능력은 부족하다.

- 사회형을 잘 설명하는 단어들
  사람을 좋아하는, 친절한, 배려심 있는, 외향적인, 관대한, 협동적인, 봉사적인, 열성적인, 책임이 있는, 이해하는

- 사회형의 대표적 직업은?

  교사, 상담치료사, 성직자, 특수치료사, 사회복지사, 간호사 등

기업형 Enterprising Type

리더십과 설득력이 있으며, 언어구사력이 뛰어나고 리더십이 있지만 과학적 능력은 부족하다.

- 기업형을 잘 설명하는 단어들
  지도력이 있는, 말을 잘하는, 과시적인, 활기찬, 자신감 있는, 외향적인, 모험적인, 사교적인, 낙관적인

- 기업형의 대표적 직업은?

  기업경영인, 정치인, 군인, 변호사, 판검사, 영업사원, 판매원, PD, 매장관리자 등

 예술형 Artistic Type

창의적이고 예술적 능력은 뛰어나나 사무적인 능력은 부족하다.

- 예술형을 잘 설명하는 단어들
  상상력이 풍부한, 감수성이 강한, 자유분방한, 개방적인, 순응하지 않는, 즉흥적인, 감정이 풍부한, 상상력이 있는

- 예술형의 대표적 직업은?

  작곡가, 무대감독, 작가, 소설가, 배우, 디자이너, 만화가, 사진작가, 실내장식가 등

관습형 Conventional Type

꼼꼼하고 철저하며 사무적인 능력은 뛰어나지만 예술적 능력은 부족하다.

- 관습형을 잘 설명하는 단어들
  빈틈이 없는, 조심성이 있는, 계획성이 있는, 보수적인, 사무적인, 질서정연한, 책임감이 강한, 주의 깊은

- 관습형의 대표적 직업은?

  은행원, 세무사, 회계사, 법무사, 재무분석가, 사서, 안전관리사 등

Holland 검사 결과 정리하기

● **나의 Holland 진로유형 코드는?**

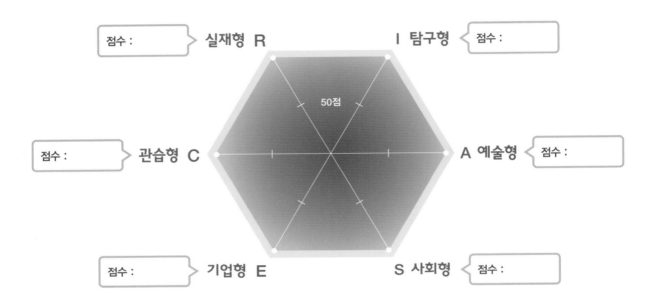

● **나의 직업적 성격 특성은? 대표적인 것만 간단하게 적기!**

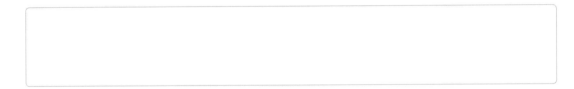

● **나에게 맞는 직업은? 가장 마음에 드는 직업만 골라 5개 이내로 적기!**

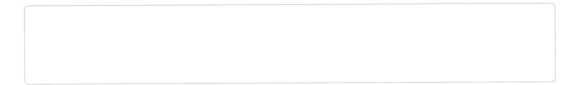

| 유 의 점 | Holland 검사 결과지를 함께 보면서, 자신의 결과 내용을 적을 수 있도록 지도해주십시오. 한 번에 모든 내용을 다 적도록 하지 마시고, 한 번에 한 내용씩 적고 이야기하도록 차근차근 진행해 주시기 바랍니다.

나에 대한 이해 요약하기

| 목표 | 이전까지 다루었던 흥미, 적성, 가치관 등 진로 선택에 영향을 미치는 개인적인 요인과 심리검사 결과를 간단히 요약, 정리해보면서 자신의 특성을 파악하도록 합니다.

A2
15m

지금까지 진로 목표를 설정하고 준비하기 위해서 고려해야 할 요소들로 흥미, 적성, 가치관, 그리고 심리검사 결과에 대해 알아보았습니다. 이번 시간에는 지금까지 알아본 나에 대한 이해를 요약해보도록 합시다.

● **진로 피자판 만들기**

〈활동 방법〉

1. 피자판의 4개의 영역에 나의 적성, 흥미, 가치관, 진로검사 결과를 간략하게 정리한다.
2. 교재 뒤에 있는 '피자토핑' 스티커에 나의 특성과 잘 맞는 직업을 골라 적는다.
3. 피자판 위에 붙인다.

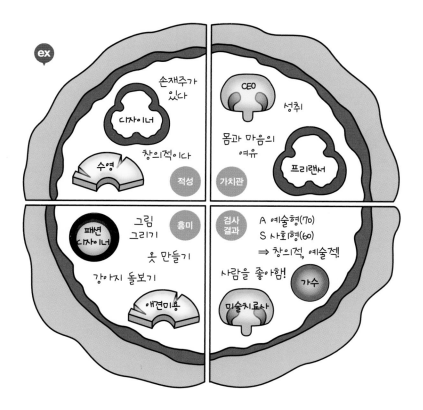

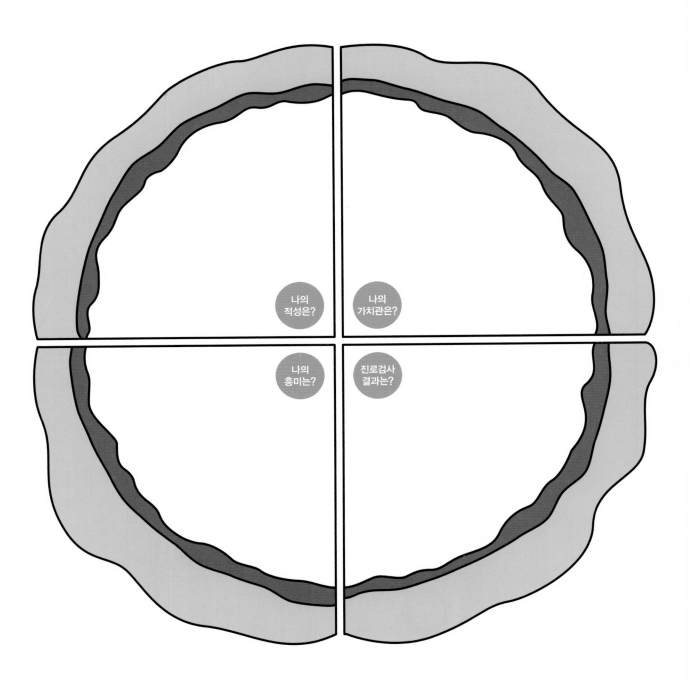

● **부모님의 기대 알아보기**

> 부모님은 내가 어떤 직업을 선택하길 바라시나요?

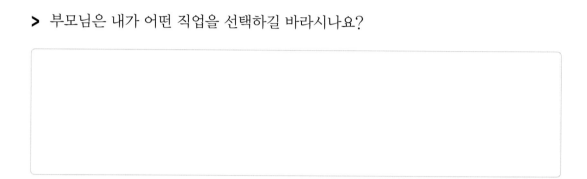

> 부모님의 의견과 내 생각은 얼마나 일치하는지 아래의 표에 표시해봅시다.

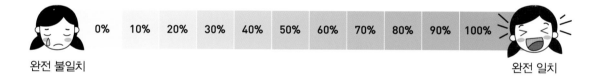

> 내 생각과 부모님의 생각이 같은 (혹은 다른) 이유는 무엇입니까?

| 유의점 | 이유를 적을 때, 구체적인 이유와 대안은 어떤 것이 있는지도 같이 적는 것이 좋습니다. 우리나라의 경우 개인의 진로 결정에 있어 부모님의 영향력이 상당히 높습니다. 만약 부모님과의 의견차이가 극심할 경우, 부모-자녀 관계에 부정적인 영향을 끼치고 가정 내 스트레스가 상승될 수 있습니다. 따라서 학생들이 이러한 어려움을 이야기할 때에는 충분히 들어주고, 공감해주고 난 뒤 합리적인 해결방법을 생각해볼 수 있도록 격려해주시기 바랍니다.

진로의사결정이란?

| **목 표** | 자신의 진로 선택에 영향을 미치는 요인에는 어떤 것이 있는가를 파악하고,
합리적인 진로의사결정 과정의 중요성을 인식할 수 있습니다.

자신의 [흥] [미] , [적] [성] , [가] [치] [관] 등과 같이 진로 선택에
영향을 줄 수 있는 특성들에 대해 자세히 알아보고 [직] [업] 에 관한
정보를 종합적으로 활용하여 나에게 맞는 진로를 결정하는 것을 말한다.

진로 목표 결정하기

● **다음 절차에 따라 합리적인 의사결정이 되도록 정리해 봅시다.**

〈진로의사결정표 작성순서〉

step 1 '고려해야 하는 기준' 칸에 적혀 있는 각각의 항목들의 중요도를 결정한다.
중요도 점수는 1~3점 사이에서 결정한다.
1 : 약간 중요 / 2 : 중요한 편 / 3 : 매우 중요

step 2 '해보고 싶은 직업' 칸에는 앞에서 찾은 직업들 중 가장 공통된 직업 혹은
본인의 희망과 가장 잘 맞는 직업 3가지를 적는다.

step 3 '해보고 싶은 직업' 들의 적합한 정도(적합도)를 표시한다. (-2, -1, 0, 1, 2)
-2 : 전혀 적합하지 않다 / -1 : 맞지 않는 편이다 / 0 : 별 관계없다 /
1 : 그런 편이다 / 2 : 매우 그렇다

step 4 '해보고 싶은 직업'에 표시한 적합도 점수와 '고려해야 하는 기준'에
표시한 중요도 점수를 곱해서 모두 합산한다.

| **유 의 점** | 선생님의 설명을 듣고 의사결정표, 작성 방법을 충분히 숙지하고 난 후에 자신의 의사결정표를 작성해야 합니다. 특히 step 2에서
직업 3개를 고를 때는 가능한 한 충동적으로 적지 말고, 앞에서 공통적으로 자주 반복됐던 직업 위주로 적도록 지도해주십시오.

〈진로의사결정표〉

고려해야 하는 기준	기준의 중요도		해보고 싶은 직업 1 심리치료사		해보고 싶은 직업 2 의사		해보고 싶은 직업 3 아나운서	
			적합도	점수	적합도	점수	적합도	점수
내 흥미	●●●	x	-2 -1 0 1 ②	6	-2 -1 0 ① 2	3	-2 -1 0 1 ②	6
내 적성	●●○	x	-2 -1 0 1 ②	4	-2 -1 0 1 ②	4	-2 -1 0 1 ②	4
내 가치관	●●●	x	-2 -1 0 1 ②	6	-2 -1 0 ① 2	3	-2 -1 ⓪ 1 2	0
검사 결과	●○○	x	-2 -1 0 ① 2	1	-2 -1 0 1 ②	2	-2 ⊖1 0 1 2	-1
부모님의 견해	●●○	x	-2 -1 0 1 ②	4	-2 -1 0 ① 2	2	-2 -1 0 ① 2	2
				21		14		11

> 나에게 가장 적합한 진로 목표는?

| 유 의 점 | 이 작업을 통해 결정된 진로 목표는 변경할 수 없는 것이 아니며, 상황의 변화에 따라 얼마든지 변경 가능한 것임을 인식시켜야 합니다. 진로의사결정 방법을 배우는 목표는 하나의 진로 목표를 정하는 것에도 있지만, 다양한 대안들 중에서 하나를 선택해야 할 경우 어떤 과정을 거치는 것이 합리적인 것인지를 아는 것입니다.

● 진로 유형의 탐색과 진로 계획 세우기

진로 포트폴리오에 대한 이해

| 목 표 | 진로 포트폴리오의 중요성을 이해할 수 있습니다. 포트폴리오 작업을 통해서 자신의 목표를 명확하게 하고, 그 실천과정을 선명하고 구체적으로 계획했을 때 목표 성취에 어떻게 도움이 될 수 있을지를 생각해볼 수 있도록 지도해주십시오.

● **포트폴리오는 무엇인가요?**

포트폴리오란?

> 자신의 실 력 을 보여줄 수 있는 작품이나 관련 내용 등을 집약한

자료수집철 또는 작 품 집

진로 포트폴리오란?

> 학생이 자신의 진 로 선 택 이나, 진학 또는 취업 등의

진로 목 표 를 위하여 세운 계 획 , 자신이 성취한 경 험 및

능 력 등을 기록, 관리하여 모아 놓은 것

● **포트폴리오는 어떻게 만들어야 하나요?**

〈포트폴리오의 기본 구성 요소〉

1. 나에 대한 정리 : 장점/단점, 성격, 흥미, 가치관 등
   ⋯⋯⋯⋯⋯⋯⋯⋯⋯⋯⋯⋯⋯⋯⋯⋯⋯⋯⋯⋯⋯⋯⋯⋯⋯⋯⋯⋯⋯⋯⋯⋯⋯⋯⋯⋯⋯

2. 나의 목표 : 선택한 이유, 구체적인 정보에 대한 정리
   ⋯⋯⋯⋯⋯⋯⋯⋯⋯⋯⋯⋯⋯⋯⋯⋯⋯⋯⋯⋯⋯⋯⋯⋯⋯⋯⋯⋯⋯⋯⋯⋯⋯⋯⋯⋯⋯

3. 계획표 : 어떻게 목표를 이룰 것인지에 대한 계획
   ⋯⋯⋯⋯⋯⋯⋯⋯⋯⋯⋯⋯⋯⋯⋯⋯⋯⋯⋯⋯⋯⋯⋯⋯⋯⋯⋯⋯⋯⋯⋯⋯⋯⋯⋯⋯⋯

4. 목표를 이루기 위해 실천해 온 것들 :

   체험학습 계획서, 교내외 활동 정리, 독서 카드 등
   ⋯⋯⋯⋯⋯⋯⋯⋯⋯⋯⋯⋯⋯⋯⋯⋯⋯⋯⋯⋯⋯⋯⋯⋯⋯⋯⋯⋯⋯⋯⋯⋯⋯⋯⋯⋯⋯

   ⋯⋯⋯⋯⋯⋯⋯⋯⋯⋯⋯⋯⋯⋯⋯⋯⋯⋯⋯⋯⋯⋯⋯⋯⋯⋯⋯⋯⋯⋯⋯⋯⋯⋯⋯⋯⋯

   ⋯⋯⋯⋯⋯⋯⋯⋯⋯⋯⋯⋯⋯⋯⋯⋯⋯⋯⋯⋯⋯⋯⋯⋯⋯⋯⋯⋯⋯⋯⋯⋯⋯⋯⋯⋯⋯

〈그 외에 들어가면 좋을 것들〉

| 유 의 점 | 포트폴리오를 만들 때 정답이 있는 것은 아닙니다. 포트폴리오에 자신의 목표와 계획을 표현하기 위해서는 어떤 정보가 들어가는 것이 유용할지, 창의적이고 효과적인 형식은 없을지 등 다양한 방법들을 학생들이 찾아낼 수 있도록 도와주십시오.

진로 포트폴리오 만들기

T3
10m

 나의 목표를 소개합니다!

앞 시간에 내가 선택한 목표 직업에 대해서 구체적인 정보를 찾아봅시다.

*참고 사이트 : 워크넷 www.work.go.kr

목표 직업	▶ 가능한 답변 예시 범죄심리사 (프로파일러)
하는 일	범죄심리사는 범인을 추적할 때 그들이 남긴 범죄 현장의 정보를 이용해 범인의 특징을 추론해서 살인 패턴과 동기, 다음 범행 장소, 범인의 심리상태를 정확하고 빠르게 찾아내는 일을 함
되는 길	- 대학에서 심리학을 전공 - 범죄심리사 자격증 시험 합격, 관련 기관에서 2년 이상의 일을 하면서 100시간 이상 수련을 　받으면 범죄심리사 자격증 2급을 취득할 수 있음 - 대학원에서 범죄심리 관련 분야의 석사 학위를 따면 범죄심리사 자격증 1급을 딸 수 있음
관련 학과 및 자격증	- 대학 : 심리학 - 대학원 : 범죄심리학, 임상심리학 - 자격증 : 범죄심리사 1급, 2급
임금/전망	아직 많이 알려진 직업이 아니라 그런지 관련 정보가 많지 않았음
필요한 능력/지식	- 4년제 대학에 입학할 수 있는 성적 - 영어실력 : 대학원에서 심리학 공부 시 외국책으로 공부하는 경우가 많다고 함 - 체력 : 범죄심리사 1급에는 체력테스트가 포함됨
업무환경	자격증을 딴 후에도 수련기간을 거쳐야 하기 때문에 힘들고, 시간이 오래 걸릴 것 같음
필요한 성격/흥미/가치관	- 성격 : 타인에 대한 배려, 자기통제, 스트레스 감내성, 인내, 정직 - 흥미 : 사회형, 탐구형 - 직업 가치관 : 이타, 지적 추구, 애국, 개인지향, 타인에 대한 영향

| 유 의 점 | 학생들은 희망 직업에 대한 충분한 정보 없이, 겉으로 보이는 모습만으로 진로를 선택하는 경우가 많습니다. 다음의 작업을 통해
그 직업이 하는 일, 요구되는 조건, 업무 환경 등에 대해서 구체적으로 알아보고 현실적인 관점에서 생각해볼 수 있도록 지도해주십시오.

내가 이 목표를 선택한 이유는?

내가 이 직업을 목표로 선택한 이유는?	
나의 성격, 흥미, 적성, 가치관과는 어떤 점에서 일치하나?	
꿈을 이루기 위해 현재 나는 어떤 노력을 하고 있을까?	
직업 정보를 찾아본 소감	

| 유의점 | 진로 선택은 자신이 하는 결정이며 그에 따른 책임 역시 자신에게 있습니다. 따라서 내가 이 직업을 선택한 이유와 어떤 노력을 하고 있는지, 앞으로 어떤 준비를 하는 것이 도움이 될지에 대해서 스스로 생각해서 찾아볼 수 있도록 지도해주십시오.

진로목표 달성을 위한 인생 계획 세우기

목표를 정했다고 자연히 그 목표가 이뤄지는 것은 아닙니다. 희망 목표를 달성하기 위해서는 필요한 것들을 차근차근 준비해나가야 하는데요. 아래의 표에 나의 장래 희망을 달성하기 위한 중간 목표, 단기 목표를 계획해보세요. 몇 살쯤 그 직업을 갖고 싶은지, 필요한 자격증 시험이나 도움이 되는 경력활동은 언제쯤 준비할 것인지, 고등학교에서는 어떤 준비를 할 수 있을지 등을 구체적으로 계획해두면 나의 미래 지도가 훨씬 선명해질 수 있겠죠?

구분	예상 나이	계획 내용
직업 목표	30	범죄심리사
중간 목표 (고등학교, 대학교 진학 목표)	27	범죄심리사 1급 자격증 취득
	25	○○ 대학교 대학원 범죄심리학과 입학
	20~24	대학원 입학 가능한 수준으로 학점 관리, 영어 시험 준비, 경찰서/교도소 등에서 자원봉사하며 현장경험하기, 꾸준한 운동
	20	○○ 대학교 심리학과 입학
단기 목표 (성적 목표, 스펙 준비와 같은 실천사항)	고등학교	- 목표 대학 결정
		- 목표 대학 입시요강 점검 및 전략 세우기
		- 틈틈이 심리학 관련 서적 읽기
		- 꾸준한 공부
	중학교	- 다양한 체험학습 참여하고 기록 남겨두기
		- 봉사활동 참여
		- 외국어 공부 열심히

커리어 로드맵 만들기

앞에서 정리한 내용을 바탕으로 나의 커리어 로드맵을 그려보세요. 꿈을 향해 나아
갈 때 길잡이가 되어줄 것입니다.

진로 유형의 탐색과 진로 계획 세우기

★ **Holland 검사의 기본 내용**

Holland 검사에서 가정하는 유형은 총 6개로, 이를 Holland의 6각 모형(RIASEC 모형)이라 합니다. 6가지 유형은 실재형(Realistic type), 탐구형(Investigative type), 예술형(Artistic type), 사회형(Social type), 기업형(Enterprising type), 관습형(Conventional type)으로 구성됩니다. 또한 개인을 둘러싼 실제 생활환경 역시 실재적, 탐구적, 예술적, 사회적, 기업적, 관습적 환경의 6가지 환경으로 구성되어 있습니다.

★ 자신의 특성과 검사 결과를 고려하여 진로 목표를 정한 소감을 정리해보세요.

★ 나의 진로 포트폴리오에는 어떤 점들이 강조되는 것이 좋을까요?

과 제

목표 직업의 정보 찾아오기

－ 내가 선택한 목표 직업에 대해서 구체적인 정보를 찾아봅시다.
  ***참고 사이트** : 워크넷 www.work.go.kr / 커리어넷 www.careernet.re.kr

목표 직업	
하는 일	
되는 길	
관련 학과 및 자격증	
임금/전망	
필요한 능력/지식	
업무환경	
필요한 성격/흥미/가치관	

과 제

커리어 로드맵 완성해오기

– 앞에서 찾아본 목표 직업에 대한 정보를 추가해서 커리어 로드맵을 완성해오세요.

핵심단어	수업내용 정리

박동혁

심리학박사

현) 아주대학교 교육대학원 겸임교수
　　원광디지털대학 심리학과 초빙교수

− 아주학습능력개발연구실(ALADiN)

− 강남삼성의료원 정신과 인턴

− MBC 자기주도학습캠프

− 한국산업기술재단 연구기획위원회 자문위원

− 서울시 교육청 자기주도학습 프로그램 효과 검증

− 심리학습센터 '마음과배움' 소장

− 허그맘 심리상담센터 대표원장

〈저서 및 연구〉

『최강공부법』(웅진씽크하우스, 2006)

『좋은 공부습관 만들기 워크북』(KPTI)

　램프학습플래너(EBS)

　MLST 학습전략검사(가이던스)

　AMHI 청소년인성건강검사(가이던스)

　KMDT 진로진학 진단검사(진학사)

　LMDT 학습동기검사(진학사)

「학습습관향상 프로그램이 청소년의 학업성취와 정신건강에 미치는 효과」(2000)

「청소년 정신건강의 사회적 요인」(2002)

「대학생 시간관리 행동 척도의 개발과 타당화」(2006)

「예방과 촉진을 위한 청소년 정신건강 모형의 탐색」(2007)

LAMP WORKBOOK
PART 1 ME
동기 및 목표 향상 프로그램 (교사용)

2014년 5월 15일 1판 1쇄 발행
2022년 5월 30일 1판 4쇄 발행

지은이 • 박 동 혁
펴낸이 • 김 진 환
펴낸곳 • (주) **학지사**

04031 서울특별시 마포구 양화로 15길 20 마인드월드빌딩 5층

대표전화 • 02) 330-5114   팩스 • 02) 324-2345

등록번호 • 제313-2006-000265호

홈페이지 • http://www.hakjisa.co.kr
페이스북 • https://www.facebook.com/hakjisabook

ISBN 978-89-997-0402-4 04370

978-89-997-0401-7 (set)

정가 12,000원

이 도서의 국립중앙도서관 출판시도서목록(CIP)은 서지정보유통지원시스템
홈페이지(http://seoji.nl.go.kr)와 국가자료공동목록시스템(http://www.nl.go.kr/kolisnet)
에서 이용하실 수 있습니다.
(CIP제어번호: CIP2014014433)

출판 · 교육 · 미디어기업 **학지사**

간호보건의학출판 **학지사메디컬** www.hakjisamd.co.kr
심리검사연구소 **인싸이트** www.inpsyt.co.kr
학술논문서비스 **뉴논문** www.newnonmun.com
원격교육연수원 **카운피아** www.counpia.com